우리 아이
첫 돈 공부

일러두기

● 본서의 활동에 실린 내용은 별책 부록으로 제공되는 활동지의 참고용 예시로 작성되었습니다.

● 본문에 게재된 금융상품, 신용등급, 세금, 이자율 등은 활동을 위한 예시로써 실제와 다를 수 있습니다.

● 소개된 특정 기업과 제품은 교육용으로 제시한 개인 의견으로 투자 방향과 전혀 무관합니다.

내 아이의
경제적 자유를 위한
체험식 경제·금융 홈스쿨링

우리 아이
첫
돈 공부

경제금융교육연구회
이은주 천상희
김성훈 최인걸

지음

오리진하우스
ORIGIN HOUSE

집에서 할 수 있는
'진짜'
경제·금융교육, 어디 없나?

우리 아이가 살아갈 세상은 너무나 많은 것을 요구합니다. 높은 어학 점수, 학점, 학벌, 각종 공모전 입상, 인턴 경력까지… 이 많은 것을 해낸다고 하더라도 자본주의 사회에서 잘 살아갈 수 있을까 걱정이 됩니다. 특히 고용불안정, 자산가격 급등, 과잉유동성 등 요즘의 경제 흐름을 바라보면 숨이 턱! 막힙니다. 겪어보지 못한 빠른 변화와 경제발전에서 발생하는 그늘진 모습은 우리가 못 본 체 외면할 수 있는 현실이 아닙니다. 많은 취준생은 구직난에 시달리고 있으며, 취업에 성공한 청년들 역시 주식, 부동산, 가상화폐에 '영끌'과 '빚투'로 모든 것을 다 걸기도 합니다. 또한 월급에서 꼬박꼬박 돈을 모으며 희망을 품고 살아가는 평범한 가족들은 하루아침에 '벼락거지'

가 되기도 합니다. 막막한 미래입니다. 이런 상황에 우리 아이들에게 부모인 내가 어떻게 도움을 줄 수 있는지에 대한 답마저 쉽사리 떠오르지 않습니다. 우리 아이들은 결국 자신의 힘으로 이 세상을 살아가야 합니다. 과연 아이들은 이 자본주의 사회에서 어떻게 행복하게 살아갈 수 있을까요?

이 깊은 걱정의 해결책은 결국 정면승부라고 생각됩니다. 우리 아이들이 세상과 맞서기 위해서는 아이들에게 일찍이 경제 백신을 놔줘야 합니다. 록펠러, 워런 버핏 같은 세계적인 부자들이 자녀에게 특별한 경제교육을 했을 것 같지만, 실은 보통 사람들도 실천할 수 있을 법한 교육을 했다고 합니다. 절제하기, 용돈 교육, 돈 버는 방법 알려주기를 대표적으로 이야기하고 있습니다. 언뜻 들으면 쉽고 단순한 방법인 것 같지만, 이를 집에서 제대로 실천하기에는 방안이 떠오르지 않아 답답한 마음이 듭니다. 또한 경제(돈)에 대해 아이에게 알려주는 것이 아이를 '속물적이고 계산적인 인간'으로 키우는 것이 아닐까 하는 걱정에 조심스럽기도 합니다. 이런 마음에 공감하는 여러분께 이 책은 초등학교 교실에서 8년 전부터 가르치고 있는 경제교육 경험을 집에서도 할 수 있도록 개선하여 소개하려고 합니다. 경제교육에 대한 필요성은 간절하지만 방법에 대한 답답한 마음이 가득했던 부모들께 구체적이고, 재미있는 놀이로서 금융이해력을 높일 수 있는 실용적 방법을 실었습니다.

책의 흐름을 간단히 짚어보겠습니다. 이 책의 핵심은 우리 집에서만 사용하는 돈인 '홈페이'를 만들어 작은 경제 사회를 집에서 체험해 보는 것입니다. 더불어 초등학생 수준에서 금융을 이해할 수 있도록 몇 가지 활동도 준비했습니다. 그리고 초등학년 4학년, 5학년 실과(용돈)과 6학년 사회(경제)의 교육과정을 연계하여 학교에서 배우는 경제 · 금융 단원의 성취기준도 함께 달성할 수 있도록 구성했습니다.

단계	활동 및 개념
1단계 / 돈	돈에 관해 이야기 나누기, 우리 집에서 사용할 화폐(홈페이) 만들기, 수입과 지출에 대해 알아보기, 용돈기입장 쓰는 방법, 우리집 가게 만들기
2단계 / 금융회사	우리집 은행 만들기, 복리, 우리집 은행에서 저축과 대출해보기, 신용평가
3단계 / 투자	다양한 투자 상품 알아보기, 투자의 방법과 위험도, 투자 원칙 세우기, 성장기업 알아보기, 주식과 펀드, 실전 투자해보기
4단계 / 창업	창업 아이디어 떠올리기, 집에서 창업해보기, 투자설명회(PPDR), 온라인 콘텐츠 만들기
5단계 / 부동산	내가 살고 싶은 집, 입지, 거래 절차(임대, 매매, 계약, 등기)
6단계 / 가치	다양한 기부 방법, 윤리적 소비

모든 활동을 차례에 맞게 천천히 진행한다면 자연스러운 경제교육은 물론 아이들과 폭넓은 대화를 나눌 수 있어 가장 좋습니다. 하지만

순서에 상관없이, 먼저 관심이 가는 단계를 읽어보고 실천할 수 있는 활동을 선택해 실행해보는 것도 좋습니다. 절대 한꺼번에 완벽해야 한다는 욕심은 금물! 천천히, 아이와 즐겁게 할 수 있는 활동으로 살펴보고 도전해 보시길 바랍니다.

학교와 가정이라는 가장 안전한 울타리에서 경제를 경험해 보는 것! 여기서 차곡차곡 쌓이는 경험들과 함께 성장한 아이들은 앞으로 사회에서 맞설 많은 경제 문제를 이겨내어 자유롭고 행복한 삶을 누릴 수 있게 됩니다. 경제로 세상의 흐름을 읽을 수 있는 힘! 그 힘으로 우리 아이들은 자신을 지켜내며, 부모님 또한 아이와 함께 정직한 경제교육을 실천하며 우리 가계의 경제도 지켜낼 수 있습니다. 그렇기에, 앞으로 이 책을 읽는 경제교육 방법을 고민하시는 부모님, 독자 여러분을 **'지킴이'** 라고 이름 지어 부르겠습니다. 지킴이 여러분! 이제 아이와 함께 놀면서 배우는 경제교육, 준비되셨나요?

머리말
집에서 할 수 있는 '진짜' 경제·금융 교육, 어디 없나? 004

PART 1 | 돈 | 우리집에서만 사용하는 돈이 있다!

① 우리집 화폐 홈페이 만들기 014

돌로 집을 산다고? • 015 / 우리집 화폐 만들기 • 019

② 수입과 지출 024

지킴이의 수입과 지출 • 025 / 아이의 수입과 지출 • 028

③ 우리집 가게 운영하기 033

판매할 과자 정하기 • 034 / 과자 가격 정하기 • 038 / 혜택권 만들기 • 041 / 용돈기입장 쓰기 • 044 / 우리집 가게 운영 결과 • 046

TALK 머니샘이 전하는 〈돈〉 이야기 050

PART 2 | 금융회사 | 지킴이 은행으로 행복 금리 높이기

① 은행에 대해 알아보기 054

저축은 왜 해야 할까? • 054 / 은행 체험하기 • 060

② 우리집 은행 세우기 067

우리집 은행에서 체험하는 복리의 마법 • 069 / 아이의 용돈 교육 • 074 / 저축 습관 기르기 • 079

③ 신용평가에 대해 알아보기　　　　　083
　　우리집 신용평가 기준 정하기 • 088

TALK 머니샘이 전하는 〈금융회사〉 이야기　　095

PART 3　　　投자　　**투자를 아는 현명한 자본가 되기**

① 투자 교육의 필요성　　　　　100
　　투자의 이유 • 101 / 오르는 물가! 내 돈의 가치는?! • 106

② 다양한 투자 방법과 위험　　　　　110
　　투자 위험에 따른 투자 방법 • 111 / 나에게 맞는 투자 방법 찾기 • 117

③ 집에서 하는 주식, 펀드 투자　　　　　124
　　주식이란 무엇일까? • 125 / 계속 성장하는 기업 찾기 • 126 / 우리집 물건들로 펀드 만들기 • 133 / 주제가 있는 펀드 만들기 • 143

④ 매수버튼 꾹! 나도 이제 자본가　　　　　152
　　증권계좌 개설 전 은행계좌 개설 • 153 / 증여세 신청 • 156 / 매수버튼 꾹 • 157 / 앱에서 볼 수 있는 유용한 기능 • 161 / 해외주식 거래는 어떻게 하나요? • 165

TALK 머니샘이 전하는 〈투자〉 이야기　　168

PART 4 | 창업 | 홈 창업으로 성공하는 십대 기업가 되기

① 우리 아이도 창업할 수 있다!   172

아이들이 정말 창업을 할 수 있을까? • 173 / 사람들이 관심 갖는 모든 것이 다 사업거리다 • 176

② 집에서 놀이로 기업 세우기, PPDR   180

STEP 1. Plan, 사업 아이디어를 계획하자! • 181 / STEP 2. Presentation, 사업 아이디어를 발표하자! • 183 / STEP 3. Do, 직접 실천해보자! • 185 / STEP 4. Rethink, 다음 사업을 한다면 어떻게 할 건지 다시 생각하자! • 187

③ 아이들의 미래는 '온라인'에 있다   190

STEP 1. Storyboard, 콘텐츠 개발을 위한 스토리보드 그리기! • 194 / STEP 2. Production, 콘텐츠 영상 제작! • 195 / STEP 3. Upload, 제작한 영상 업로드! • 196

TALK 머니샘이 전하는 〈창업〉 이야기   198

PART 5 | 부동산 | 건물주보다 목표가 있는 드리머

① 부동산이란?   204

내가 살고 싶은 집 • 205 / 내 집 어디에 지을까? • 209

② 부동산 거래　　　　　214
부동산 빌려보기 • 215 / 부동산 매매 해보기 • 219

TALK 머니샘이 전하는 〈부동산〉 이야기　　　　　225

가치 **같이, 가치! 가장 아름다운 지출**

① 기부는 우리 곁에 있다　　　　　230
기부, 왜 해야 할까요? • 231

② 용돈으로 기부하는 방법, '기부, 용기내!'　　　　　238
STEP 1. 용돈(홈페이)으로 기부금을 모으자! • 239 / STEP 2.
소중하게 모은 내 홈페이, 귀중하게 기부할 곳을 찾아보자! •
241 / STEP 3. 주변에 소문내기! 기부는 칭찬받을 일이에요!
• 245

③ 내 주변을 가꾸는 윤리적 소비　　　　　248
지구를 사랑하는 마음 '친환경소비' • 248 / 환경은 리사이클
링, 창의력은 업사이클링! • 252 / 지역과 함께하는 마음 '로컬
소비' • 256 / 방구석에서 찾아낸 보물들 • 258

TALK 머니샘이 전하는 〈가치〉 이야기　　　　　263

맺음말
지금 바로, 함께, 경제 교육 시작해요!　　　　　266

문맹은 생활을 불편하게 하지만

금융 문맹은 생존을 불가능하게 한다.

앨런 그린스펀 _ 미국의 경제학자

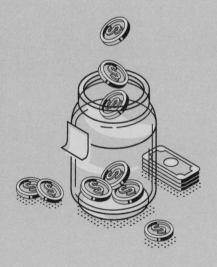

돈

우리집에서만
사용하는 돈이 있다!

PART
1

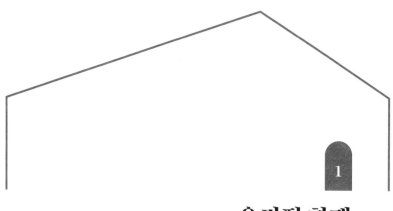

우리집 화폐
홈페이 만들기

인류가 만들어 낸 최고의 발명품은 무엇이라고 생각하시나요? 저마다 생각이 다르겠지만 저는 '돈'(혹은 화폐)이 최고의 발명품이라고 단언합니다. 돈은 무엇이든 될 수 있다는 이유에서입니다. 물론 돈으로 살 수 없는 것도 있다며 제 의견에 동의하지 않는 분도 계실 수 있습니다. 하지만 돈으로 모든 것을 살 수 없지만 많은 것을 가질 수 있다는 생각에는 동의하실 것입니다. 그리고 또 하나, 돈은 인간이 살아가는 데 아주 중요한 것이라는 생각에도 동의하실 것입니다.

이 책을 펼친 지킴이들은 우리 아이가 돈만 밝히는 사람이 되지않고 돈을 올바르게 이해하고 잘 다루었으면 하실 것입니다. 올바른 경제·금융 생활에 있어서 우선 '돈'이 무엇인지 알아야 합니다.

그래서 이 파트에서는 아이와 함께 돈이 무엇인지 재미있는 활동으로 알아보고, 우리집 화폐를 직접 만들어 돈(홈페이)도 벌어보고 써보면서 기초적인 경제 활동을 경험해보겠습니다.

돌로 집을 산다고?

만약 어떤 사람이 집을 사려고 크고 둥근 바위를 돈 대신 지불한다면 무슨 말을 들을까요? 모르긴 몰라도 좋은 소리는 못 들을 것입니다. 그런데 태평양에 있는 미크로네시아의 야프(Yap)라는 섬에서는 큰 돌을 가지고 집과 땅을 살 수 있다고 합니다. 이 섬의 특별한 거래 속에는 돈에 관한 중요한 비밀이 숨겨져 있습니다. 그럼 그 비밀이 무엇인지, 돈의 비밀을 찾아보겠습니다.

🧑‍🦰 딸, 혹시 바위 화폐라고 들어본 적 있어?

👧 바위 화폐? 들어본 적 없는데? 돌덩이들이 돈이 된다는거야?

🧑‍🦰 맞아. 우리는 지금 종이로 만든 화폐를 사용하고 있지만, 태평양의 야프라는 섬에서는 바위를 화폐로 쓰기도 한대.

👧 그러면 산이나 강에서 큰 돌을 줍기만 하면 부자가 되겠네.

🧑‍🦰 그럴 수도 있겠다! 그러면 아빠랑 같이 야프섬 사람들은 어떻게 바위를 화폐로 쓰는지 알아볼까?

세계에서 가장 크고 무거운 화폐

태평양 한가운데 미크로네시아 제도에는 야프(Yap)라는 섬이 있다. 이 섬에서는 아주 오래전부터 돌이 화폐로 사용되었다. 라이(Rai)라고 불리는 바위 화폐는 그 크기에 따라 화폐의 가치도 커졌는데, 시간이 지날수록 라이의 크기는 커지게 되어 나중에는 가지고 다니기 힘들 정도였다. 그래서 큰 거래가 이루어지는 날이면 거래 당사자들이 라이가 있는 곳에 모여 물건과 화폐의 교환이 이루어졌음을 확인하고 라이는 그냥 있던 자리에 놔두었다.

야프섬에서 가장 돈이 많은 부자는 엄청난 크기의 라이를 배로 싣고 오다가 난파하여 바닷속에 가라앉힌 사람의 자손이라고 한다. 라이는 사람들이 꺼낼 수 없는 바다 깊은 곳에 있지만, 야프섬 사람들은 그 라이의 주인과 라이가 가진 가치를 인정해 주기 때문이다.

거의 2000년 동안 야프섬 사람들은 토지나 카누 등 중요한 물건을 매매할 때 라이를 사용해왔다. 지금의 야프섬 주민들은 식료품이나 기름 등 간단한 재화와 서비스를 달러 화폐로 거래하지만, 부동산 거래나 전통의식을 치르는 비용은 모두 라이를 사용하고 있다.

😊 우와! 바닷속에 있는 라이도 돈으로 인정해준다니 신기해!

😊 우리나라에서는 만 원을 바다에 빠뜨리면 아무도 그 가치를 인정해 주지 않을 텐데.

😊 그리고 달러가 있는데도 땅이나 집을 살 때처럼 큰 거래에는 라이를 쓴다는 것도 너무 신기한 것 같아.

😊 야프섬 사람들은 달러보다 라이의 가치를 더 신뢰하나 봐.

지킴이 생각노트

야프섬의 바위 화폐 이야기 읽어본 후, 아래의 질문에 대해 아이와 함께 생각을 나눠 봅시다.

Q1. 야프섬 사람들은 달러가 있음에도 불구하고 라이를 통해 거래하는 이유는 무엇일까요?

Q2. 야프섬 이야기를 통해 알 수 있는 돈의 특성은 무엇인가요?

우리가 야프섬 사람들이 라이를 통해 물건을 사고파는 것이 이상하게 느껴지는 것처럼 야프섬 사람들은 우리가 쓰는 종이 화폐가 가치 없고 이상한 거래수단으로 보일지 모릅니다. 바로 여기에서 돈이 가진 아주 중요한 비밀이 있습니다. 돈은 돌이나 종이와 같이 형태가

중요한 것이 아닙니다. 돈은 사회구성원이 거래 수단에 그 가치를 인정해주느냐가 중요합니다. 다시 말해, 돈은 사회적 약속입니다. 오랜 시간 동안 많은 사람이 그것을 가치 있는 것이라 믿어주고 그 믿음을 바탕으로 거래 수단으로 사용될 때, 돈은 생명을 얻게 됩니다.

큰 돌을 배에 싣고 옮긴다는 야프섬 이야기에서 알 수 있듯이, 이 섬에는 큰 돌이 흔치 않을 것입니다. 그리고 그곳의 사람들은 많지 않은 큰 돌들의 위치와 주인을 잘 알고 있습니다. 그렇기에 누군가 마음대로 새로운 돌을 가져와서 라이로 쓸 수 없습니다. 풍랑으로 바다에 빠뜨린 돌조차도 야프섬 사람들의 머릿속에는 존재하고 있습니다. 그 돌이 누구의 바위인지 알고 있기 때문에 더는 볼 수도, 만질 수도 없는 돌이지만 재산으로 인정해 주는 것입니다.

🧓 야프섬 사람들은 왜 바위 화폐인 라이를 사용하는 것 같아?

👧 작은 섬이라 큰 돌도 없을 것 같고, 다른 곳에서 가져오기도 힘들기 때문 아닐까?!

🧓 아빠 생각도 그래. 그런데 국제 통화인 달러가 들어왔는데도 사람들이 라이를 계속 쓰는 이유는 뭘까?

👧 음, 계속 써왔으니까 돌이 편해서 그런 것 같은데? 아님 돌을 더 귀하게 생각해서 그런건가?

🧓 여기서 가장 중요한 건 이 섬의 주민들은 큰 돌을 다같이 돈으로 쓰자고 약속했기 때문이야. 5만 원짜리 우리나라 돈을 가지고

외국에 가면 어떤 나라에서는 아무 쓸모 없는 종이 쪼가리일 뿐이야. 왜냐하면 외국 사람들은 우리나라 5만 원을 돈으로 쓰자고 인정하고 약속한 적이 없기 때문이지.

아, 그럼 야프섬 사람들은 큰 돌에다가 라이라는 이름을 붙여 돈으로 쓰자고 약속해서 그런거네.

그렇지. 그런데 달러라는 화폐는 야프섬에 들어온 지 얼마 되지 않아 아직은 사람들한테 믿음이 안 갈 거야. 언젠가 야프섬에서도 라이보다 달러에 대한 사람들의 믿음이 커지게 된다면 달러를 이용한 거래도 더 많아질 것이라 생각해.

이제 지킴이와 아이들 모두 돈의 비밀, '돈은 사회적 약속이다.'에 대해 잘 이해하셨을 것입니다. 돈이 사회적 약속이라면 그 사회에 속한 구성원이 약속만 한다면 무엇이든 돈으로 사용할 수 있습니다. 이제 가족 구성원들의 약속을 통해 우리집에서 쓸 수 있는 화폐를 만들어보도록 하겠습니다.

우리집 화폐 만들기

우리집 화폐를 만들기 전 꼭 기억해두어야 할 것이 있습니다. 지킴이와 아이가 함께 만드는 우리집 화폐는 미술 시간에 그리는 그림처럼 한 번 그리고 끝나는 것이 아니라 실제 돈처럼 꾸준히 사용해야 한다는 것입니다. 적어도 우리 집에서는 말이죠. 어차피 돈으로 사용하는 거 그냥 실제 화폐로 사용하자고 생각할 수도 있습니다. 하지만 이후에 소개해 드릴 활동의 목표를 달성하기 위해서는 실제 화폐보다는 우리집만의 특별한 화폐가 더 효과적입니다. 가령 복리를 체험할 때 실제 화폐를 활용한다면 급격하게 늘어나는 복리 이자를 감당하기 어렵지만, 우리집 화폐를 활용하면 이런 어려움을 극복할 수 있습니다. 실제 화폐는 이미 가치가 정해져 있으나 우리집 화폐는 지킴이와 자녀가 함께 가치를 정할 수 있기 때문입니다.

그러면 지금부터 우리집 화폐를 만들어보겠습니다. 화폐를 만들기 위해서는 우선 화폐에는 어떤 것들이 들어가는지 살펴봐야 합니다. 1,000원짜리 지폐를 보면 숫자(금액)뿐만 아니라 인물 그림, 은행명, 일련번호 등이 들어가 있는 것을 알 수 있습니다. 또한 화폐에 그릴 그림의 주제를 정하면 좋습니다. 그냥 자유로운 그림으로 그리기보다는 아이가 좋아하는 것, 혹은 가족들이 좋아하는 것을 주제로 정해 그리면 쉽고 재밌게 화폐를 만들 수 있습니다.

마지막으로 화폐의 단위를 정해야 합니다. 아시는 것처럼 우리나라는 '원'을 단위로 쓰고 있고, 미국은 '달러', 중국은 '위안'을 쓰고 있습니다. 이와 마찬가지로 우리집 화폐에도 단위를 정해보는 것입니다. 참고로 제가 맡은 교실에서는 '캔'이라는 단위를 쓰고 있습니다.

우리나라 화폐의 구성 요소를 알아보고 우리집 화폐를 만들어 봅시다.

이미지출처 : 한국은행 화폐박물관

1. 화폐에는 어떤 것들로 구성되어 있나요?
   (예시 : 숫자, 인물 그림, 은행명, 번호 등)
2. 우리집 화폐 속 그림의 주제를 정해봅시다.
   (예시 : 강아지, 고양이 등)
3. 화폐의 단위는 무엇으로 하겠습니까? 그리고 그 뜻은 무엇인가요?
   (예시 : 사랑 / 가족끼리 사랑하는 마음을 담아서 그렇게 정하였다.)
4. 화폐에 들어가야 하는 것들을 생각하며 단위가 10, 50, 100, 500, 1,000인
   화폐를 그려봅시다.

'캔'이라는 아이디어를 낸 학생은 그 이유에 대해 발음하기도 쉽고, 뭔가 먹을 것이 생각나 단위에 정이 가기 때문이라고 합니다. 이와 마찬가지로 나름의 이유를 생각해서 독창적이고 재미있는 화폐 단위를 정해보길 바랍니다.

이렇게 화폐에 들어가야 하는 것은 무엇인지, 그리고 화폐의 주제

를 무엇으로 할지, 화폐의 단위는 무엇으로 할지 정했다면 이제 본격적으로 화폐 도안을 그려봅니다. 화폐의 크기를 실제처럼 1000, 5000, 10000으로 할 수도 있지만 저는 10, 50, 100, 500, 1000을 추천합니다. 우리나라의 화폐 단위가 다른 나라에 비해서 크기도 하지만 아직 아이가 어린 경우, 자릿수 개념이 부족해 발생하는 계산의 어려움으로 다른 중요한 활동을 놓칠 수 있습니다.

화폐 도안이 모두 완성되면 사진으로 찍거나 스캔하여 인쇄합니다. 한글 문서 프로그램에서 여백 없이 가로형 A4를 6등분하고, 칸마다 사진을 넣어 인쇄하면 됩니다. 컬러 인쇄를 해도 좋지만, 색지에 흑백으로 인쇄하는 방법을 더 추천합니다. 화폐 종류마다 다른 색의 색지로 인쇄하면 돈의 구별이 쉽기 때문입니다.

화폐가 준비되면 돈을 벌어보기도 하고 써보기도 하면서 본격적인 경제 활동을 합니다. 다음 장부터 소개되는 활동에서는 실제 한국의 화폐 '원'과 집에서만 쓰는 화폐인 홈페이를 구분하기 위해(집집마다 홈페이의 이름이 다를 것이므로) 홈페이를 이야기할 때의 단위를 '캔'으로 통일하도록 하겠습니다. 이후 글에서 100원이라고 쓰여있다면 실제 화폐를 이야기하는 것이고, 100캔이라고 쓰여 있다면 홈페이를 말합니다.

A20210100101
지킴이은행
십 캔
10CAN
10

A20210100102
지킴이은행
오십 캔
50CAN
50

A20210100103
지킴이은행
백 캔
100CAN
100

A20210100104
지킴이은행
오백 캔
500CAN
500

A20210100105
지킴이은행
천 캔
1000CAN
1000

A20210100106
지킴이은행
오천 캔
5000CAN
5000

〈우리집 화폐 만들기〉 화폐 도안 샘플 다운로드 ▲

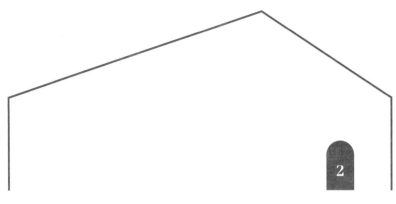

수입과 지출

홈페이(우리집 화폐를 간편하게 '홈페이'라고 부르겠습니다.)를 만들고 나면 이제 돈을 직접 사용해야 합니다. 지킴이뿐만 아니라 아이가 함께 기본임금도 벌고, 세금도 내고, 우리집 가게에서 과자도 사 먹으면서 홈페이를 쓸 수 있습니다. 이 부분에 대해서는 뒤에서 조금 더 자세히 설명해 드리도록 하겠습니다. 그 전에 아이와 함께 지킴이의 수입과 지출을 함께 살펴보는 시간을 가져보도록 하겠습니다.

갑자기 지킴이의 수입과 지출을 살펴보는 것이 당황스러울 것 같지만 이 활동은 아이에게 큰 의미를 줄 수 있습니다. 금융교육은 사회화의 한 과정입니다. 아이들은 어른이 되어 다양하고 복잡한 수입과 지출 활동을 하게 됩니다. 그런 다양하고 복잡한 수입과 지출을 미리 체험하고 어떻게 관리해야 하는지 배우게 된다면 실용적인 금융교육이 될 것입니다. 그런 의미에서 지킴이의 수입과 지출이 아이에게는 아주 좋은 교육 자료가 됩니다.

지킴이의 수입과 지출

지킴이의 모든 수입과 지출을 아이에게 세세하게 공개할 필요는 없습니다. 아이들이 내역을 모두 이해할 수 없을뿐더러 너무 상세한 정보는 아이들에게 돈에 대한 고민과 비교를 하게 합니다. 이 활동을 하는 이유는 어른이 되었을 때 다양하고 복잡한 경제 활동(수입과 지출)을 하게 된다는 것을 이해시키는 데 의미가 있기 때문에 이러한 이유에 부합할 정도의 수준으로 공개하면 됩니다.

우선 아이와 함께 지킴이의 수입과 지출을 적어봅니다. 수입의 경우 대부분 내역이 많지 않아 다음과 같이 간단하게 기록합니다. 이때 가족의 수입을 다 적을 수도 있지만, 우리 집 재산을 알아보기 위한 활동이 아니니 한 분의 수입만 적어도 괜찮습니다. 그리고 아이에게 돈에 대한 현실감각을 길러주기 위해서는 실제 금액과 비슷한 금액을 적는 것이 좋습니다. 하지만 아직 공개할 마음의 준비가 되지 않으셨다면 대략적인 금액을 적어도 좋습니다.

구분	내역
수입	(예시) 월급(350만 원)

지출은 수입과 달리 다양하고 복잡합니다. 그리고 매월 내역도 많이 바뀝니다. 그래서 어떻게 적어야 할지 고민이 될 수 있습니다. 하지만 이 활동을 하는 이유는 정확하게 지킴이의 지출을 확인하는 것이 아닌 아이에게 어른이 되면 얼마나 많은 지출을 하며 살아야 하는지, 얼마나 신경 쓸 것이 많은지를 알려주는 것이기 때문에 가능한 한 자세히 적되 모든 것을 적거나 정확하게 적기 위해 고생할 필요는 없습니다.

활동 1-2-② : 부록 p.7

지킴이의 지출을 마인드맵으로 그려 봅시다.

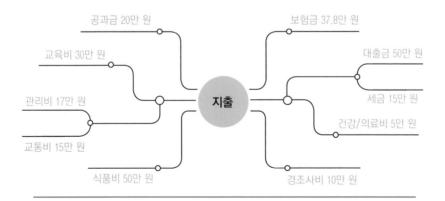

활동지의 마인드맵에 지킴이의 지출을 간단하게 분류해 놓았습니다. 항목에 맞추어 예시처럼 구체적으로 적으면 됩니다. 주로 지킴이가 적겠지만 이 활동의 경우 아이가 무척 관심을 가지고 볼 것입니다. 지킴이의 어린 시절, 부모님이 얼마를 벌고 얼마를 쓰는지 궁금하지 않았나요? 그때를 생각해 보세요. 마인드맵을 완성하는 동안 아이가 내용에 관해 물어본다면 자연스러운 대화를 통해 아이의 사회화를 이끌어 줄 수 있습니다.

🧒 아빠, 공과금이 뭐야?

👩 전기나 수도 같은 건 국민들에게 꼭 필요한 것이라서 나라에서 만들어 각 가정으로 보내주고 있어. 그래도 세상에 공짜는 없는 것처럼 사용한 만큼 돈을 내야 하는데 그걸 공과금이라고 해.

🧒 그런데 왜 이렇게 돈 쓰는 곳이 많아?

👩 그렇지? 아빠도 돈을 벌기 전에는 이렇게 돈을 많이 쓰는지 몰랐는데 우리 가족이 살아가기 위해서는 생각보다 많은 돈이 들어가더라. 학원비도 내야 하고, 공과금도 내야 하고, 보험금도 내야 하고, 옷도 사야 하고, 장도 봐야 하고, 대출도 갚아야 하고 이곳저곳 돈 쓰는 곳이 정말 많긴 많아.

🧒 보험금은 왜 내야 해?

👩 사람이 살다 보면 갑자기 사고가 날 수도 있고 아파서 많은 병원비를 내야하거나 일을 못 해서 돈을 못 벌 수도 있어. 그럴 때

를 항상 준비해둬야 해. 그래서 필요한 게 보험이야. 보험에 가
입해서 매달 돈을 내면 사고가 나거나, 병에 걸렸을 때 보험사에
서 도움을 주는 거야.

🧒 대출은 뭐야?

👩 집은 비싸서 아빠랑 엄마가 모은 돈만으로는 사는 게 힘들어.
그래서 은행에서 돈을 빌리고 대신 매달 조금씩 갚는 거야. 그
걸 대출이라고 해.

🧒 언제까지 갚아야 해?

👩 앞으로 30년 동안 갚아야 해.

🧒 30년??!! 근데 진짜 어른이 되면 너무 힘들 것 같아. 돈도 벌어야
하고, 돈 쓸 때도 너무 많아서 지금부터 걱정이야.

👩 걱정하지 마. 지금처럼 돈과 경제에 대해 천천히 알아간다면 나
중에 어른이 되어도 힘들지 않을 테니깐.

아이의 수입과 지출

이제 아이의 수입과 지출을 직접 만들고 경험해 보겠습니다. 일단은
아주 기본적인 수입과 지출을 만들 것입니다. 본격적인 활동 단계가
진행될수록 조금씩 복잡하게 느껴질 수 있으나 꼭 아이와 함께 실행
해보시길 바랍니다.

매주 월요일 기본임금이라는 이름으로 아이에게 홈페이로 500캔씩 지급합니다. 이것은 아이의 입장에서 수입이 됩니다. 그리고 매주 금요일 집세 100캔, 세금 100캔을 거둘 것입니다. 종종 아이들은 기본임금을 받을 때에는 기분 좋아하지만, 집세와 세금을 내라고 하면 돈을 뺏기는 느낌에 저항하기 마련입니다. 그럴 때는 그 이유를 잘 설명해 주어야 경제·금융교육의 첫 단추를 잘 끼울 수 있습니다.

🧒 그런데 왜 집세랑 세금을 내야 해?

👩 어른들도 돈을 벌면 꼭 세금을 내야 하거든. 왜냐하면 나라는 국민을 위해서 학교도 세우고, 도로도 만들고, 문화·체육 시설도 만들면서 돈을 써야 하는 데 그 돈을 마련하기 위해서 국민으로부터 세금을 거두는 거야.

🧒 그러면 아빠가 내고 있는데 왜 나도 내야 되는 거야?

👩 물론 아빠가 내고 있지만, 우리는 지금 어른이 되었을 때를 대비해서 미리 연습을 하는 거야. 그래서 어른처럼 세금을 내는 연습을 해보는 게 좋아. 집세도 마찬가지야. 아빠가 대출을 갚듯이, 아니면 삼촌이 집을 빌려 쓰고 매월 임대료를 내듯이 집세도 내는 연습을 해보는 거야.

🧒 그래도 내기 싫은데. 내 돈이 줄어드는 거잖아.

👩 그 마음은 이해해. 아빠도 세금을 적게 내고 싶은 마음도 들지만, 그래도 세금을 내는 건 국민의 의무고, 아빠가 낸 세금이 좋

은 곳에 쓰인다고 생각하고 내고 있어. 그러니까 딸도 조금 싫더라도 내야 하는 거야, 알았지?

위 대화에서처럼 세금이나 집세를 내는 것에 대한 저항이 있었지만, 아이는 대화를 통해 문제를 해결하면서 세금이 필요한 이유와 세금은 국민의 의무라는 것을 배울 수 있는 좋은 기회가 되었습니다.

아이의 연령에 따라 차이가 있을 수 있지만 이렇게 기본임금을 받고, 세금과 집세를 내는 활동은 2주 정도 경험하고 나서 다음 단계로 가는 것이 좋습니다. 1주만 하면 그 의미를 느낄만한 여유가 없고, 3주까지 갈 만큼 활동이 어렵거나 복잡하지 않기 때문입니다.

이렇게 기본임금을 받고, 세금과 집세를 내는 활동을 하면서 동시에 해야 하는 활동이 용돈기입장 쓰기입니다. 경제·금융교육에서 중요한 목적은 돈을 관리하는 법을 터득하는 것이기에 용돈기입장을 통해 자신에게 들어오는 돈과 나가는 돈을 정확히 파악하고, 수입과 지출에 대한 반성으로 더 나은 수입과 지출을 할 수 있는 기회를 주어야 합니다.

이미 용돈기입장을 쓰고 있는 가정도 꽤 있을 것입니다. 아이들의 경제·금융교육에 관심이 많은 부모들의 경우, 가장 먼저 시작하는 것이 바로 용돈 교육이고 용돈 교육의 핵심 활동 중 하나가 바로 용돈기입장 혹은 가계부 쓰기입니다.

용돈기입장 작성 예시

이름 (　　　　　　　　　　　)

날짜	내용	들어온 돈(캔)	나간 돈(캔)	남은 돈(캔)
9/27(월)	기본임금	500		500
10/1(금)	집세		100	400
10/1(금)	세금		100	300

　용돈기입장 쓰기는 사실 크게 어렵지 않습니다. 몇 가지만 이해하면 아이들은 쉽게 용돈기입장을 쓸 수 있습니다. 돈이 들어오는 경우는 '들어온 돈'에 그 금액을 적고, 직전 잔액에서 더해줍니다. 돈이 나가는 경우는 '나간 돈'에 금액을 적고, 직전 잔액에서 빼주기만 하면 됩니다. 그런데 가끔 들어온 돈인지 나간 돈인지 헷갈리는 경우가 있습니다. 가장 대표적인 예가 바로 돼지저금통에 저금하거나 은행 통장에 저축하는 경우입니다(요즘은 주식을 매수하는 것도 있겠네요.). 이런 경우 나간 돈이 아니라고 생각할 수도 있지만 당장 돈이 다른 곳으로 나가는 것이기에 나간 돈으로 기록하여야 합니다. 대신 나중에 저축한 돈을 찾아서 그 돈이 다시 들어오면 들어온 돈으로 기록합니다. 물론 어른들은 저축을 나간 돈으로 처리하지 않고 조금 더 구체적으로 기록하는 가계부 양식을 쓰는 경우도 있지만, 아이에게 그 정도까지 요구할 필요는 없습니다.

　용돈기입장 작성 요령은 이 정도면 충분합니다. 마지막으로 용돈기입장 작성 규칙입니다. 마음 자세라고 할 수도 있겠는데 저는 딸과 함께 다음과 같이 규칙을 만들었습니다.

활동 1-3-①: 부록 p.9

용돈기입장 작성 규칙

(예시)
1. 돈이 들어오거나 나가면 곧바로 용돈기입장에 적는다.
   절대 다음날로 미루지 않는다.
2. 용돈기입장의 잔액과 실제 가지고 있는 돈을 최대한 똑같게 한다.
   만약 다를 때에는 그 이유를 찾도록 노력한다.
3. 용돈 중 일부는 반드시 저축하여 미래를 준비한다.

용돈기입장을 쓸 때 위의 규칙을 잘 지키겠습니다.

○ ○ ○ (인)

2주 동안 기본적인 수입과 지출 활동을 하고 그 결과를 용돈기입장에 적어보면 아이는 금방 익숙해질 것입니다. 그러면서 조금씩 돈을 관리하는 능력을 기르게 됩니다.

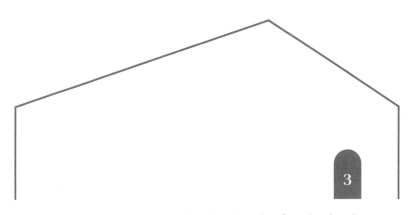

우리집 가게 운영하기

돈은 왜 필요한 걸까요? 돈이 필요한 이유는 여러 가지가 있겠지만 그 중에서 가장 중요한 것은 돈 속에 축적된 가치를 바탕으로 다른 물건과 바꿀 수 있기 때문입니다. 화폐 위에 적혀진 숫자가 아무리 크다고 하더라도 그것을 다른 것과 바꿀 수 없으면 그 돈은 쓸모없는 종이에 지나지 않습니다. 신사임당이 그려진 5만 원권이 5만 원의 가치를 갖는 이유는 그 가치만큼 다른 물건과 바꿀 수 있기 때문입니다. 만약 아프리카에서 5만 원권을 쓰려고 하는데 환전할 수 있는 은행도 없고, 돈을 받아주는 가게조차 없다면 그 돈은 쓸모없는 종이일 뿐입니다.

조금 더 쉽게 말해서 돈은 소비를 위해 사용되기 때문에 쓸모가 있는 것입니다. 지킴이와 아이가 함께 만든 홈페이도 마찬가지입니다.

매주 기본임금을 받고 세금을 내기 위해서만 홈페이를 사용한다면 시간이 지날수록 홈페이의 가치는 떨어지고 아이들은 경제 활동에 흥미를 잃게 됩니다. 그래서 홈페이에 생명력을 불어넣기 위한 활동이 필요합니다. 바로 우리집 가게 만들기입니다.

판매할 과자 정하기

우리집 가게를 만들기 위해서 우선 판매할 과자를 선정합니다. 마트에 가서 먹고 싶은 과자를 그냥 사 오면 안 되냐고요? 물론 됩니다. 하지만 단순히 과자를 사고 먹는 행위도 조금만 관심을 기울이면 의미있는 교육 활동이 될 수 있습니다.

그 방법으로 지킴이와 아이가 함께 어떤 과자를 살지 정해볼 수 있습니다. 마트에서 사고 싶은 과자를 장바구니에 무작정 담기보다는 몇 가지 기준을 정해서 어떤 과자를 살지 미리 생각해보는 것입니다.

저는 딸과 함께 과자의 가격, 열량, 나트륨, 콜레스테롤을 기준으로 우리집 가게에서 판매할 과자를 정하기로 했습니다. 열량이 낮고, 나트륨과 콜레스테롤 함량이 적은 과자가 건강에도 좋다는 것을 미리 조사해보고 그 기준에 따라 과자를 선정했습니다.

물론 과자마다 한 봉지의 양이 달라 단순 비교가 쉽지 않습니다. 저의 경우는 한 번에 먹을 수 있는 양을 기준으로 가격, 열량, 나트륨과 콜레스테롤 함량을 비교해봤습니다. 예를 들어, '몽쉘'의 경우 1상자에 12봉이 들어있습니다. 그래서 몽쉘의 가격은 쇼핑몰 기준 1상자 가격 4,800원의 12를 나눈 400원으로 계산하였고, 열량과 나트륨, 콜레스테롤 함량도 상자에 표시된 수치를 12로 나누어 계산하였습니다.

이와 같은 방법으로 나머지 과자들도 온라인 쇼핑몰을 방문하여 목록을 정하고 가격, 열량, 나트륨, 콜레스테롤 정보를 찾아 아래와 같이 표에 정리했습니다.

활동 1-4-① : 부록 p.12

과자이름	1봉 가격 (원)	열량 (kcal)	나트륨 (mg)	콜레스테롤 (mg)	구매여부
몽쉘	400	170	110	10	X
초코송이	500	190	80	0	X
빈츠	150	45	15	2	O
새우깡	1000	450	600	15	X
아몬드빼빼로	960	180	110	5	O
에이스	240	130	120	1	O
참쌀선과	90	28	35	0	O
참쌀설병	150	43	34	0	O
오레오	490	250	200	0	X
칸쵸	470	235	140	2	X

우리집 1회 섭취량 기준, 자료출처 : 이마트몰, http://emart.ssg.com

이렇게 표를 만든 후에는 가격, 열량, 나트륨, 콜레스테롤을 보며 실제로 구매할지 안 할지를 결정하였습니다. 그런데 아이 입장에서 과자 1봉의 양이 각기 다른데 단순히 비교하는 것이 납득되지 않을 수 있습니다. 그런 경우는 하루에 먹는 양을 기준으로 비교를 하는 것도 좋습니다. 예를 들어, 빈츠는 양이 적기 때문에 하루에 3개 정도는 먹어야 한다고 생각이 들면 빈츠 3봉의 가격, 열량, 나트륨, 콜레스테롤을 다른 과자와 비교하는 것입니다.

👩 딸! 좋아하는 과자를 이렇게 비교해보니까 열량도 다르고, 나트륨, 콜레스테롤 수치도 많이 다르지?

👧 응, 그런데 양이 달라서 그런 거 아니야?

👩 그것도 맞아. 양이 다르기 때문에 그냥 영양정보만 비교하기보단 하루에 먹는 양을 생각해보면 좋겠어. 빈츠 같은 것은 하루에 1봉지만 먹으면 너무 적으니까 조금 더 먹는다고 생각하면 될 것 같은데?

👧 빈츠는 작으니까 하루에 3봉지 정도 먹는다고 보면 될 것 같아.

👩 그러면 빈츠 가격은 450원, 열량은 135kcal, 나트륨은 45mg, 콜레스테롤은 6mg이라고 생각하면 되겠다.

👧 그리고 참쌀선과랑 참쌀설병도 하루에 3봉지 정도 먹을것 같아.

👩 그래! 그럼 딸이 볼 때 이 중에서 어떤 과자를 사면 좋을까?"

👧 일단 새우깡은 비싸고 열량도 높고, 나트륨도 많아서 빼는 게 좋

을 것 같아. 아몬드빼빼로도 빼야 될 것 같아.

🧑 그런데 아몬드빼빼로는 딸이 엄청 좋아하는 거잖아.

🧑 그건 그런데, 어쩔 수 없지.

🧑 아니면 이 중에서 하나는 가격이 조금 비싸거나 열량이랑 나트륨, 콜레스테롤이 높아도 사는 건 어때? 그래도 정말 좋아하는 과자 하나 정도는 있어야 하지 않겠어?

🧑 좋아! 그러면 나는 아몬드빼빼로로 할래!

최애 과자 하나 정도는 묻지도 따지지도 않고 구매하는 것도 좋습니다. 그렇게 아이의 욕구를 어느 정도 충족시켜주면 나머지 과자는 가격, 열량, 나트륨과 콜레스테롤 함유량을 잘 비교해서 고를 수 있습니다. 이런 과정을 통해 저와 딸은 아몬드빼빼로, 빈츠, 에이스, 참쌀선과, 참쌀설병을 구매하기로 했습니다.

과자를 구매하면서 합리적인 소비 태도를 기르기 위해 이것저것 비교하다 보면 아무래도 맛이 떨어지는 과자가 많아질 수 있습니다. 물론 과자를 조금 덜 먹게 되는 건 장점이지만 마냥 참는 것도 해결책은 아니기에 한 번씩 아이에게 우리집 가게에 있는 과자에 만족하는지 묻고 불만이 있을 때는 맛 위주로 늘리기도 하고 바꿔주기도 해야 합니다. 대신 맛있는 과자를 고르더라도 가격, 열량, 나트륨과 콜레스테롤 등의 함량을 한 번씩은 생각해 보도록 해야겠지요. 이렇게 기준을 정해 과자를 골라보는 활동은 아이에게 합리적인 소비 습관을 기르는

데 도움을 줄 수 있습니다.

과자 가격 정하기

우리집 가게를 채울 과자를 샀다면 이제 과자의 가격을 정해야 할 차례입니다. 과자마다 실제 산 가격이 있지만 우리는 홈페이를 사용할 것이므로 홈페이에 맞게 가격을 다시 정해야 합니다.

과자 가격을 정하기 전에 아이에게 반드시 안내해야 하는 것이 있습니다. 이렇게 우리집 가게를 만들고 홈페이를 지불하여 소비 활동을 하는 것은 합리적인 소비 습관을 기르기 위함임을 안내해야 합니다. 그렇기 때문에 과자를 먹고 싶은 만큼 사 먹을 수 있는 게 아니라 자기가 받은 기본임금을 관리하면서 우리집 가게를 이용해야 한다는 것입니다. 이 점을 잘 설명하고 나서 과자 가격을 정해야 조금 비싸게 가격이 정해지더라도 아이는 이해할 수 있습니다.

과자의 가격은 단순히 실제 구매가격에 비례하여 정할 수도 있지만, 교육적인 의미를 담아 다양한 기준으로 정할 수도 있습니다.

저희 딸의 경우 일주일에 기본임금 500캔을 받고, 200캔의 세금을 내고 있어 일주일마다 300캔이 남습니다. 이 돈을 가지고 어떤 과자를 사 먹으면 좋을지 이야기를 나눠봤습니다.

🧑 과자 가격은 얼마야?

👨 같이 정해볼까. 아빠 생각에는 가격이 너무 싸서 자주 먹으면 살도 찌고 몸에도 좋지 않으니까 지나치게 먹지 못할 정도로 가격을 정하면 좋을 것 같아. 그래서 과자마다 얼마나 자주 먹게 될지 정해보자. 우선, 빈츠는 얼마나 먹고 싶을까?

🧑 하루에 3개, 4개?

👨 하루에 3~4개는 너무 많지 않아? 하루에 2개 정도면 어떨까?

🧑 빈츠는 너무 맛있어서 2개만 먹으면 너무 아쉽단 말이야.

👨 이때까지 3~4개씩 먹었으니까 절제력을 키우기 위해서라도 좀 줄여보자. 그리고 나중에 기본임금 말고 다른 거로 용돈을 벌면 더 사 먹을 수도 있으니까 일단은 2개로 정하는 건 어떨까?

🧑 나중에 용돈을 더 벌 수도 있어?

👨 당연하지. 네가 하지 않아도 되는 집안일을 도와주면 용돈을 더 벌 수도 있어.

🧑 오~예! 알았어.

👨 그러면 하루에 2개씩 먹으면 한 개에 얼마씩 하면 될까? 일주일 동안 몇 개 먹는지 생각해서 한 번 계산해보자.

🧑 일주일에 14개니까 300캔을 14로 나누면 21하고 나머지 6인데?

👨 21캔은 너무 계산하기 힘드니까 30캔 할까?

🧑 엥?! 그런 게 어디 있어? 20캔으로 하자!!

👨 그래 알았어. 그러면 20캔으로 하자.

이렇게 과자마다 구매 빈도 등을 고려해서 가격을 정했습니다.

과자이름	일주일 소비량 예상(개)	과자 가격(캔)
빈츠	14	20
아몬드빼빼로	3	100
에이스	5	60
참쌀선과	15	20
참쌀설병	10	30

과자 가격은 집안 사정에 따라 얼마든지 다양한 기준으로 정할 수 있습니다. 평소 아이의 과자 먹는 양을 확인한 후 적정량을 정하며, 너무 많은 과자를 사먹지 않는 선에서 지킴이와 아이가 서로 합의하여 가격을 정합니다.

한 번 정한 과자 가격이라고 해서 계속 그 가격을 유지할 필요는 없습니다. 시장에서도 재화나 서비스가 많이 팔리면 가격이 오르고, 적게 팔리면 가격이 내리는 것처럼 우리집 가게도 수요에 따라 가격을 올리거나 내릴 수 있습니다. 일주일에 한 번씩 과자 판매량을 확인하여 많이 팔려 금방 동이 날 것 같으면 가격을 올리고 반대로 거의 사먹지 않는 경우에는 가격을 내릴 수 있습니다. 아이는 이 과정에서 자연스레 수요와 공급에 따라 물건의 가격이 변한다는 것을 느끼고, 인플레이션을 체험할 수도 있습니다.

또 하나 중요한 것은 우리집 가게 이용 규칙을 함께 만들고 다 같이 지켜야 한다는 것입니다. 만약 누군가 홈페이를 지불하지 않고 우리집 가게를 마음대로 이용한다면 활동은 의미가 없으며 시간이 조금만 지나도 우리집 가게는 금세 사라지고 맙니다. 그렇기 때문에 지킴이와 아이가 함께 우리집 가게 이용 규칙을 만들어 다짐하고 사인도 해보는 것이 좋습니다.

활동 1-4-③ : 부록 p.14

우리집 가게 이용 규칙

(예시)

1. 홈페이를 지불하지 않고 과자를 가져가지 않는다.
2. 과자를 구매한 이후에는 우리집 가게 장부에 반드시 기록한다.
3. 과자를 구매한 후에는 나의 용돈기입장에 반드시 기록한다.
4. 과자 진열대가 흐트러져 있을 때는 정리한다.
5. 과자를 먹고 난 후에 뒤처리를 잘한다.

위의 규칙을 반드시 지키겠습니다.

○ ○ ○ (인)   지킴이 : ○ ○ ○ (인)

혜택권 만들기

우리집 가게에서 과자만 파는 것이 조금 아쉽다 싶으면 혜택권을 팔 수도 있습니다. 혜택권이 뭐냐고요? 과자처럼 눈에 보이지는 않지만 평소 아이들이 원했던 것, 혹은 지킴이와 함께 규칙으로 정했던 것을 할 수 있는 권리가 적혀있는 증서라고 생각하시면 됩니다. 예를 들면, 휴대폰 자유이용권, 치킨 구매권 같은 것이 있을 수 있겠네요.

이미 아이들은 학교에서 혜택권을 이용해 본 경험이 많아서 혜택권이라는 말만 들어도 어떤 것인지 금방 이해합니다. 그리고 혜택권을 같이 만들어보자고 얘기하면 다양하고 창의적인 아이디어를 마구 쏟아낼 것입니다.

🧑 혹시 혜택권 알아?

👧 응, 학교에서 하고 있어. 1일 자리 선택권 같은 거 아니야?

👧 맞아. 우리도 집에서 쓸 수 있는 혜택권을 만들어서 우리집 가게에서 살 수 있게 하는 거 어때?

🧑 좋아! 그러면 영화관람권 같은 것도 살 수 있어?

👧 영화관람권? 진짜 영화관? 아니면 집에서 빔으로 보는 거?

🧑 둘 다 하면 안 돼?

🧑 그래, 좋아! 그러면 영화관람권 말고 다른 건 뭐 만들었으면 좋겠어?

👧 음, 휴대폰 자유이용권도 있으면 좋겠어.

👧 휴대폰 자유이용권? 얼마 동안?

👧 하루 동안 자유롭게 하고 싶은 거 했으면 좋겠어.

🧑 그건 너무 많은데? 시간을 정하는 게 좋을 것 같은데? 하루종일

휴대폰만 하는 건 너무 하잖아?

🧑 그러면 4시간 이용권?

🧑 4시간도 너무 많은 거 같은데, 3시간은 어때?

🧑 알았어...

🧑 또 뭐 만들었으면 좋겠어?

🧑 TV 내 마음대로 볼 수 있는 혜택권!

🧑 그러면 딸이 그 혜택권을 쓰면 무조건 그걸 보는 거지? 그러면 보통 프로그램이 한 시간씩 하니까 1시간 TV 자유이용권 만들까?

🧑 좋아.

이렇게 혜택권을 만든 후에 과자 가격을 정했던 방식으로 혜택권의 가격을 정하고 우리집 가게에서 판매할 수 있습니다.

이때 유의할 점은 모든 권리를 사고파는 것은 자칫 돈이면 다 된다는 인식을 심어줄 수 있어 신중하게 선정해야 합니다. 다음 예시의 혜택권 중 '학원 패스권'을 보시면 판매금지라고 적혀있습니다. 이것은 무조건 안 된다는 의미로 판매금지라고 적은 것이 아니라 아이가 정말 아프거나 힘들 때 학교나 학원을 가지 않고 쉬는 것은 아이의 당연한 권리이기 때문에 판매금지로 정한 것입니다. 이처럼 지킴이의 가치관에 따라 돈으로 사고팔아도 되는 것과 그렇지 않은 것을 고민하여 정할 필요가 있습니다.

우리집 가게에서 판매할 혜택권을 만들어 봅시다.

(예시)

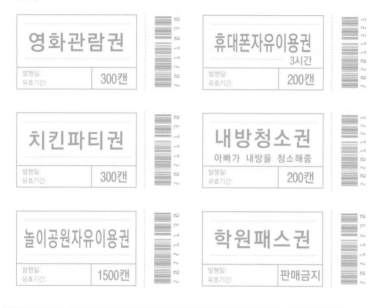

용돈기입장 쓰기

앞에서처럼 우리집 가게를 만들고 홈페이로 과자와 혜택권을 사고파는 이유는 홈페이의 생명력을 불어넣기 위함도 있지만 아이가 합리적으로 소비하는 습관을 기르고 자신의 돈을 관리하는 능력을 길러주기 위함입니다. 그렇기 때문에 지난 장처럼 용돈기입장을 꼭 써야 합니다.

용돈기입장 작성 예시

이름 (   )

날짜	내용	들어온 돈(캔)	나간 돈(캔)	남은 돈(캔)
9/27(월)	기본임금	500		500
10/1(금)	집세		100	400
10/1(금)	세금		100	300
10/4(월)	기본임금	500		800
10/5(화)	빈츠(2개)		40	760
10/6(수)	에이스(1개)		60	700
10/7(목)	아몬드빼빼로		100	600
10/8(금)	빈츠(3개)		120	480
10/8(금)	집세		100	380
10/8(금)	세금		100	280
10/9(토)	휴대폰 자유이용권		200	80

그리고 이전까지 지출했던 집세와 세금은 아이의 선택이 아니라 의무적으로 지출하는 것이었습니다. 하지만 이제부터는 자신이 선택한 소비 활동이므로 일주일의 용돈기입장을 다 채울 때마다 자신의 소비를 되돌아보고 반성을 해보는 시간을 가져보도록 합니다.

자기가 쓴 돈을 되돌아보고 반성과 다짐을 해봅시다.	
반성	다짐
(예시) 과자를 매일 사먹어서 남는 돈이 거의 없다. 과자 사먹는 것을 줄여야 겠다.	(예시) 과자를 2일마다 한 번 정도만 사먹고 1주일에 200캔씩 모아서 놀이공원 자유이용권을 꼭 사겠다.

우리집 가게 운영 결과

아이와 함께 우리집 가게를 운영하면 또 다른 교육적 효과를 누릴 수 있습니다. 바로 자녀들이 가게 운영을 하는 경영자로서의 경험을 하게 되는 것입니다.

우선 아이와 함께 과자를 사기 위한 계획인 예산서를 작성해 보고 과자를 구매하기 위해 어떻게 돈을 마련할지, 그리고 어떤 과자를 살지 적어봅니다. 이 과정에서 아이는 기업의 CEO가 되어 자신이 쓸 수 있는 자원을 생각해보고, 이를 활용하여 효과적으로 자원을 사용하는 것을 배울 수 있습니다.

활동 1-6-① : 부록 p.17

들어올 돈			나갈 돈			
순	내용	금액(원)	순	내용	금액(원)	구매처
1	아빠 돈	20,000	1	빈츠 2통	5,000	인터넷

2	내 돈	10,000	2	아몬드빼빼로 5통	5,000	인터넷
3			3	에이스 2통	4,000	인터넷
4			4	참쌀선과 1통	3,500	인터넷
5			5	참쌀설병 2통	6,000	인터넷
6			6	택배비	5,000	
총 합계		30,000	총 합계		28,500	

또한, 용돈기입장처럼 우리집 가게 판매 장부도 쓸 수 있습니다. 그리고 한 달 동안 판매된 물건을 정리하여 어떤 물건이 많이 나갔는지 판매량과 판매액을 비교합니다. 기업은 판매하는 재화나 서비스가 얼마나 팔리는지, 그 중 무엇이 잘 팔리는지 등을 항상 체계적으로 정리하고 관리해야 합니다. 그리고 기업 CEO는 이를 바탕으로 미래를 위한 선택을 하게 됩니다. 아이는 이 활동을 통해서 경영 관리 능력을 키울 수 있습니다.

활동 1-6-② : 부록 p.18

우리집 가게 판매 장부 작성 예시					
관리자 ( )					
날짜	구매자	내용	판매량 (개)	판매 비용 (캔)	총 매출 (캔)
10/5(화)	OOO	빈츠	2	40	40
10/6(수)	OOO	에이스	1	60	100

10/7(목)	OOO	아몬드빼빼로	1	100	200
10/8(금)	OOO	빈츠	3	120	320
10/9(토)	OOO	휴대폰 자유이용권	1	200	520
10/11(월)	아빠	에이스	1	60	580
10/13(수)	OOO	휴대폰 자유이용권	1	200	780
10/14(목)	아빠	빈츠	2	40	820
10/19(화)	OOO	참쌀선과	2	40	860
10/19(화)	아빠	아몬드빼빼로	1	100	960
10/21(목)	아빠	에이스	2	120	1080
10/23(토)	OOO	영화관람권	1	300	1380
10/25(월)	OOO	아몬드빼빼로	1	100	1480
10/26(화)	OOO	빈츠	1	40	1520
10/28(목)	OOO	치킨파티권	1	300	1820

활동 1-6-③ : 부록 p.20

물건별 판매량 및 판매액			
순	물건 이름	판매량(개)	판매액(캔)
1	빈츠	5	200
2	에이스	4	240
3	아몬드빼빼로	3	300
4	참쌀선과	2	40
5	휴대폰자유이용권	2	400

6	영화관람권	1	300
7	치킨파티권	1	300

| 전체 판매액 대비 물건별 판매량

빈츠 11%	에이스 13%	아몬드빼빼로 13%	휴대폰자유이용권 22%	영화관람권 16%	치킨파티권 22%

참쌀선과
2%

    우리집 가게 운영을 위해서는 재고관리도 해야 합니다. 매주 한 번씩 재고를 관리하여 재고가 얼마 남지 않은 과자나 혜택권은 새로 구매하거나 인쇄해 채워 넣습니다. 재고관리 또한 기업 운영에 없어서는 안될 필수적인 활동입니다.

활동 1-6-⑥ : 부록 p.22

순	과자 혹은 혜택권	재고량 (10.4)	재고량 (10.11)	재고량 (10.18)	재고량 (10.25)	재고량 (11.2)	재고량 (11.9)	재고량 (11.16)
1	빈츠	48봉	43봉		42봉			
2	아몬드빼빼로	5봉	4봉	3봉	2봉			
3	에이스	30봉	29봉	27봉				
4	참쌀선과	44봉		42봉				
5	참쌀설병	20봉						
6	영화관람권	6매		5매				

7	휴대폰 자유이용권	6매	5매				
8	TV자유이용권	6매					
9	치킨파티권	6매		5매			
10	놀이공원 자유이용권	6매					

　이처럼 홈페이를 통해 과자와 혜택권을 구매하게 하여 우리집 가게를 운영한다면 홈페이의 생명을 불어넣는 것 외에도 많은 배움의 기회를 가질 수 있습니다.

　예산에 맞게 과자를 구매하는 과정에서 돈 관리의 기본 원리를 배울 수 있고, 물건별 판매량을 기록하고 분석해봄으로써 기업 재무관리의 기초적인 역량을, 재고관리를 통해서는 기업 경영의 기초 역량을 키울 수 있습니다.

TALK

머니쌤이 전하는 <돈> 이야기

 자본주의는 돈을 아는 자와 모르는 자로 나뉜다

지킴이뿐만 아니라 우리 아이들은 자본주의 세상에서 살아가고 있으며, 앞으로도 살아갈 것입니다. 미국의 경제 대통령이라 불리던 전 연준의장 앨런 그린스펀은 '금융 문맹은 문맹보다 무섭다. 글을 모르는 것은 생활을 불편하게 하지만, 금융에 대한 무지는 생존을 불가능하게 하기 때문이다.'라고 말했습니다. 자본주의라는 큰 바다는 돈이라는 물로 가득 차 있습니다. 물고기가 물을 잘 이해하고 물의 흐름을 읽을 수 있다면 어떻게 될까요? 우리 아이가 거대한 자본주의 시스템 속에서 자유롭게 헤엄치고 여유와 행복을 만들어가기 위해서 돈 공부는 선택이 아니라 필수입니다. 더는 우리 자녀들이 돈과 금융에 대한 준비가 전혀 없이 사회에 내던져지는 일은 없어야 합니다.

돈 관리는 곧 자기 관리이다

학교 아이들과 금융놀이를 하다보면 자신의 욕구를 이기지 못해 교실 화폐를 금방 탕진하는 경우를 왕왕 볼 수 있습니다. 돈 관리를 잘하지 못하는 아이 중에는 학교 생활에서도 자기 관리를 잘하지 못하는 경우가 많습니다. 이런 아이들에게 돈 관리 방법을 알려주고 바른 습관을 길러주는 것은 자기 관리 능력을 길러주기 위한 좋은 방법이 될 수 있습니다. 어쩌면 돈이라는 것은 사람의 욕망을 가장 강하게 반영하는 사물이기 때문에 자기 관리 능력을 기르기 위한 가장 좋은 수단이 될 수 있습니다.

다 쓰고 남은 걸 저축하는 게 아니라,
저축하고 나서 남은 게 있으면 써라.

워런 버핏 _ 미국의 사업가, 투자가

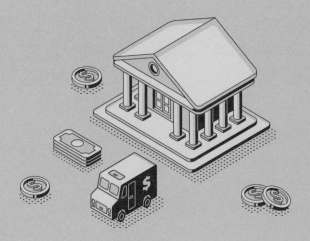

금융
회사

지킴이 은행으로
행복 금리 높이기

PART
2

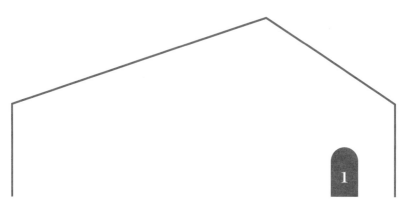

은행에 대해 알아보기

1

저축은 왜 해야 할까?

어떤 아이는 한 달에 한 번 용돈을 받습니다. 그리고 가끔 심부름을 하거나 특별한 날에 어른들에게서 돈을 받습니다. 이처럼 아이가 누군가에게 받는 돈과 스스로 버는 돈은 소득이 됩니다. 이 소득은 소비에도 쓰이고, 일부는 저축으로 모입니다. 소비를 많이 하면 저축할 돈이 그만큼 적어집니다. 반대로 저축을 많이 하면 소비할 돈이 적어집니다. 돈을 많이 모으려면 소비보다 저축을 먼저 하는 것이 좋습니다.

　아이는 돈이 생길 때마다 '가지고 싶은 것을 먼저 사고 나머지를 저축할까? 아니면 저축할 금액을 따로 떼어두고 나머지 돈으로 소비를 할까?' 고민을 합니다.

고심 끝에 저축을 먼저 하고 남은 돈으로 소비하기로 결심했습니다. 몇 달이 지난 후에 아이는 저축으로 많은 돈을 모으게 되었습니다. 만약 반대로 소비를 먼저 하고 남은 돈으로 저축을 했다면 어땠을까요?

우리는 소비하기 위해서 일을 하고 돈을 법니다. 그만큼 소비는 중요합니다. 그러나 저축도 매우 중요합니다. 모두 중요하기 때문에 무엇이 더 중요하다고 답하기는 어렵습니다. 그렇지만 소득이 생겼을 때 소비를 먼저 하고 남은 돈으로 저축한다면 저축을 많이 하지 못하게 됩니다. 따라서 저축을 많이 하기 위해서는 자금 계획을 세우고 이 계획에 따라 저축을 하고 남은 돈으로 소비하는 습관을 지녀야 합니다.

이솝 우화 '개미와 베짱이'에서 개미는 열심히 땀 흘려 저축해 둔 식량으로 추운 겨울에도 배고프지 않게 지낼 수 있었습니다. 이 이야기는 아주 간단하지만 아이들에게 저축의 중요성을 알려주기에 아주 적절한 우화입니다. 우리의 현실에서도 정말 저축이 그렇게 중요할까요? 왜 어른들은 자녀에게 저축하라고 강조할까요?

제 딸은 새 스마트폰을 사는 것이 목표입니다. 그림 그리는 것을 좋아하는 딸에게 언제 어디서든 쉽게 그림을 그릴 수 있는 화면이 큰 스마트폰은 꼭 갖고 싶은 물건 중 하나입니다. 그렇지만 스마트폰은

고가의 물건이라 아이가 받는 한 달 용돈으로는 도저히 살 수 없습니다. 아이가 스마트폰을 사려면 어떻게 해야 할까요? 그렇습니다. 저축을 해야 합니다.

'폰이 30만 원이니까 매달 3만 원씩 저축하면 열 달 후에는 살 수 있어.'

제 딸은 이런 저축 계획을 세우고 매달 꼬박꼬박 3만 원씩 저축하기 시작했습니다. 그리고 열 달 후 그토록 원하던 큰 화면의 휴대폰을 살 수 있게 되었습니다.

아이들이 갖고 싶은 물건 중에는 쉽게 구매할 수 없는 금액대도 있습니다. 이럴 경우, 원하는 물건을 사기 위해서는 목표와 계획을 세워야 합니다. 계획을 세워 꾸준히 저축한 사람은 비싸더라도 원하는 물건을 살 수 있지만 저축하지 않은 사람은 살 수 없습니다. 지킴이가 세탁기, 자동차, 집 등을 사기 위해 저축하는 것도 마찬가지입니다. 우리 집의 커다란 목표를 달성하기 위해 평소 저축을 하는 것입니다.

갑작스러운 병이나 사고에 대비하기 위해서도 저축이 필요합니다. 큰 병에 걸려 수술비가 많이 드는 수술을 받아야 하는데 만약 저축을 충분히 해놓지 않았다면 수술을 받을 수 없게 됩니다. 수술비가 없어 병을 고치지 못한다면 얼마나 불행한 일일까요? 우리의 앞날은 어떤 일이 벌어질지 알 수 없습니다. 태풍이나 화재로 인해 피해를 볼 수도 있고 교통사고나 병으로 직장을 잃을 수도 있습니다. 불확실한 미래에 대비해 미리 저축을 해놓은 사람은 갑작스러운 불행이 닥치더라도 해결할 수 있습니다. 이것이 우리가 저축을 해야 하는 또 다른 이유입니다.

개미와 베짱이 이야기를 다시 생각해보겠습니다. 베짱이는 무더운 여름에 일을 하고 저축하기 보다 노는 것을 선택했습니다. 당장 즐겁게 노는 것으로 자신의 욕구를 채웠습니다. 그렇다면 베짱이가 노는 것을 선택할 때의 기회비용은 무엇일까요? 경제적 행위에서 선택의 대가로 지불해야 하는 기회비용은 반드시 발생합니다. '공짜'로 얻은 것이라 생각되는 것도 자세히 따져 보면 포기하게 된 기회비용이 존재하기 마련입니다. 베짱이는 노는 것을 선택하였고 겨울에 굶게 되었으므로 노는 것에 대한 기회비용은 겨울에 먹을 음식인 것입니다. 베짱이와 달리 개미는 열심히 일하고 음식을 저축해두는 것을 선택했습니다. 이때 개미의 기회비용은 무엇일까요? 개미가 선택한 노동과 저축의 기회비용은 무더운 여름 시원한 그늘에서 노는 것입니다. 이런 선택의 결과 베짱이는 겨울이 되어 후회했고, 저축을 선택한 개미는 먹이를 구할 수 없는 겨울에도 음식을 먹을 수 있었습니다.

이렇게 불확실한 미래를 대비하기 위해 당장 돈을 쓰지 않고 남겨두는 것이 저축입니다. 저축을 하면 당장 사고 싶은 것을 사지 못해 아쉽지만 대신 미래에 더 큰 것을 가질 수 있습니다. 저축의 중요성을 알고 있더라도 막상 저축을 실천하기란 쉽지 않습니다. 지금 사고 싶거나 먹고 싶은 것을 참으며 절약해야 하기 때문입니다. 우리 자녀뿐만 아니라 지킴이에게도 저축은 어려운 일입니다. 그렇지만 눈앞의 욕구를 참고 절약하여 저축한다면 나중에 훨씬 큰 보람을 느끼고 보상을 받을 수 있습니다. 결국 티끌을 모아 시드 머니를 모으는 것. 있는 돈을 다 써버리는 것보다 저축하는 습관을 갖는 것이 경제 교육의 시작입니다. 저축하는 습관을 기르는 데 도움이 되는 좋은 방법을 하나 소개하겠습니다. 자신이 미래에 가지고 싶은 것을 목표로 세우고 그 목표를 달성하기 위해서 저축 계획을 세우는 것입니다. 저축에 재미가 붙고 한결 쉬워질 것입니다.

활동 2-1-① : 부록 p.23

우리 가족이 갖고 싶은 것, 꿈꾸는 것들을 적어봅시다.

(예시)

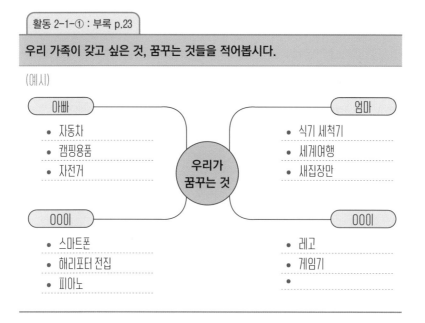

자녀의 저축습관을 기르기 위해서는 먼저 저축하는 목표를 정해야 합니다. 지금 아이들과 이야기해보면서, 가지고 싶은 것이 무엇인지 또 미래에 하고 싶은 것들은 무엇이 있는지 이야기를 나눠 봅니다. 그리고 자녀가 특별히 갖고 싶은 것이나 하고 싶은 일을 위해 필요한 금액이 얼마인지 함께 가격을 찾아보며 저축의 목표가 될 수 있는 요소들을 생각해보세요. 이런 생각들은 지금은 저축의 목표이지만, 나중에는 투자의 목표가 될 수 있습니다. 자녀와 함께 지킴이의 목표와 꿈도 적어보세요. 이렇게 생각을 펼친 후 도전해보고 싶은 목표를 정합니다.

저축의 목표를 정했다면 그 다음은 실천으로 옮겨야 합니다. 초등학생은 저축할 때 돈이 모이는 것을 눈으로 확인할 수 있도록 속이 잘 보이는 저금통을 활용하는 것이 도움이 됩니다. 그리고 저금통에 본인이 직접 쓴 목표를 붙여놓는 것도 좋은 방법입니다. 아직 초등학생 정도의 아이는 직접 눈으로 보고 만져봐야 그 양을 체감하는 나이입니다. 그렇기에 돈을 처음 모은다면 저금통을 이용해서 돈이 쌓이는 모습을 직접 보는 것이 '돈에 대한 감각'을 기를 수 있습니다. 일부러 저금통을 살 필요 없이 집에 있는 투명한 통에 목표를 적고 저축을 시작해보세요.

혹시 지금 책상 위나 서랍에 굴러다니는 동전이 있지 않나요? 어떤 아이들은 저축할 돈을 그냥 책상 서랍에 넣어 두거나 정리하지 않고 책 사이에 끼워두는 등 돈을 잘 보관하지 않기도 합니다. 이런 행동이 아이의 입장에서는 돈을 모으는 것이라고 여겨질 수 있지만, 돈은 소중히 여기지 않으면 모을 수 없습니다. 이렇게 책상 위에 돈을 놓아두는 행동은 소비하려는 유혹에 빠지기 쉬워 모으기 어렵고, 책상 서랍에 넣어둔 돈은 잃어버릴 수도 있으며, 이곳저곳에 대강 놔두니 얼마를 가지고 있는지 파악하기도 어렵습니다. 만약 우리 집에 동전이나 지폐를 아무 곳이나 놓아두고 있다면, 새로 만든 아이의 저금통에 넣어주는 건 어떨까요? 아이와 함께 우리 집에서 '돈 보물찾기'를 하면서 집 안 구석구석에 굴러다니는 동전을 모아보고, 앞으로는 돈을 소중하게 여기자고 이야기하며 저금통에 넣어보세요.

은행 체험하기

이렇게 저금통에 꾸준히 저축을 하다 보면, 어느 정도 돈이 쌓인 이후부터 아이들은 '이 돈이 사라지면 어쩌지?' 하고 걱정을 하기도 합니다. 은행에 대해서 이미 알고 있는 아이라면 은행에 맡겨 이자를 받으면 좋겠다는 생각을 할 수도 있습니다. 이런 순간이 은행에 대해 이야기할 수 있는 좋은 때입니다.

은행이 하는 일이라고 해서 특별히 어려운 내용을 가르쳐 주는 것이 아니라 아이의 수준에 맞게 알려주면 됩니다. 우선 아이에게 은행에서 하는 일이 무엇인지 물어보면 돈 찾는 곳, 전기세 내는 곳, 돈 보내는 곳, 저축하는 곳, 돈 빌리는 곳이라는 이야기를 할 것입니다. 네, 은행은 이러한 일을 하는 곳이며, 외환 거래를 하기도 하고, 보험에 가입할 수 있는 곳이기도 합니다. 그중에서 지금은 딱 두 가지만 강조합니다.

1. 은행은 돈을 가진 사람의 돈을 받아 저축 이자를 제공한다.
2. 은행은 돈이 부족한 사람에게 돈을 빌려주고 대출 이자를 받는다.

간혹 은행이 돈을 만드는 곳이라고 대답하는 아이가 있는데, 틀린 대답은 아니지만 우리가 평소에 이용하는 은행에서는 돈을 만들지 않습니다. 우리나라의 경우 화폐 발행 권한은 중앙은행, 즉 한국은행에서만 가지고 있습니다. 아이에게 시중 은행과 달리 '중앙은행'이라는 나라에서 만든 아주 중요한 은행이 있고, 그 중앙은행에서만 돈을 만들 수 있다고 설명해주면 됩니다.

> 🧓 딸은 은행하면 뭐가 떠올라?
> 👧 은행하면…. 통장, 저축, 이자, 카드, 대출? 은행은 이미 잘 알고 있어. 학교 가다보면 은행 엄청 많은 걸?
> 🧓 지나가면서 혹시 은행에 걸려있는 홍보지의 내용도 읽어 봤어?

🧒 응. 2.5% 이런거 적혀있는 것 봤어.

👩 오~. 그럼 저축이랑 대출의 차이를 알아?

🧒 저축은 모으는 거고, 대출은 빌리는 거야.

👩 좋아. 이때까지 딸이 휴대폰을 위해서 저금통에 돈을 모아왔잖아. 그걸 더 안전하게 모을 수 있으면서, 내 돈에 돈을 더해주는 이자도 받아보자.

🧒 그럼 오늘 내 통장이 생기는 거야? 와! 그런데 오늘 대출은 안 하는 거지?

👩 그래, 대출은 안 할 거야.

이제 저축할 때 생기는 이자에 대한 개념과 장점을 알아보기 위해 은행으로 가보겠습니다.

은행으로 가는 동안 아이에게 저축 상품에는 보통예금, 정기예금, 정기적금 등이 있고, 각각 이자와 저축하는 방법이 다르다는 것을 알려줍니다. 너무 자세하게 알려줄 필요는 없고, 지킴이가 아는 정도의 수준에서 구분할 수 있도록 이야기해 주세요. 예금 상품에 대해서 학습하듯이 외우거나 익힐 필요는 없고, 그냥 배경음악을 듣듯이 이야기만 나누어도 충분합니다. 은행을 오고 가면서, 또 앞으로 은행에 저축할 일이 있을 때 아이와 매번 이런 대화를 나누게 될 거니까요! 은행을 정기적으로 가면 더 좋겠지만, 저금통에 충분히 모일 때 시간 내어 가도 좋습니다.

지킴이와 자녀의 은행 체험하기

💰 **필요 서류** : 방문할 은행에 문의하면 가장 정확합니다.

- 보호자 신분증
- 자녀 기준 기본증명서(상세, 주민번호 전부 공개)
- 자녀 기준 가족관계증명서(상세, 주민번호 전부 공개)
  * 발급일로부터 3개월 이내 유효
  * 가족관계증명서는 efamily.scourt.go.kr '대법원 전자 가족관계등록시스템'에서 출력 가능
- 도장
  * 자녀 이름으로 된 도장이 없을 때는 지킴이 도장을 가져가도 됩니다. 하지만 아이 이름으로 된 도장을 이번 기회에 만드는 것도 좋습니다.

💰 현금카드를 만들면 ATM으로 입출금을 할 수 있습니다. 현금카드는 체크카드와는 달리 결제기능이 없는 카드입니다. 미성년 자녀이기 때문에 현금 출금은 1일 30만원으로 한도가 있습니다.

💰 체크카드는 만 12세 이상인 경우에 발급이 가능합니다. 체크카드를 아이에게 용돈 대신 주는 경우도 있습니다. 그럴 때 꼭 잔고가 아이의 휴대폰 문자로 보내지도록 설정해주세요.

💰 인터넷뱅킹을 이용하려면 위의 서류에서 통장도 필요합니다. 통장을 만들 때 바로 신청하면 이후에 스마트폰 앱으로 뱅킹도 가능합니다.

※ 이후에 증권계좌를 개설할 때도 사용되니 잘 보관해주세요!

은행에 방문하여 번호표를 뽑고 기다리는 동안, 은행에서 제공하는 금융상품 안내지를 보면서 예금상품의 이름은 무엇이고, 이자율은

얼마인지, 어떤 혜택이 있는지 살펴보고 이야기를 나누어 봅니다. 그리고 예금상품에 가입할 때는 목표와 자녀의 사정에 맞는 상품을 선택해야 합니다. 예를 들어서 지금 당장 쓸 일이 없고 정기적으로 돈을 넣을 수 있다면 적금에 가입해야 할 것이고, 만 12세가 넘은 아이의 용돈을 체크카드로 쓸 수 있도록 하려면 보통 예금에 가입해야 합니다.

지금 우리가 하는 활동처럼 목표를 가지고 돈을 차근히 모으는 경우도 입금 날짜와 금액이 정기적인 것은 아니므로 보통 예금으로 가입하면 됩니다. 은행 직원에게 아이가 돈을 모으기 시작할 건데 추천하는 상품이 있는지 물어보고 판단해도 좋습니다. 대기 시간을 제외하고 보통 30분 정도의 시간이 소요됩니다. 아이는 이 시간이 지루할 수도 있겠지만, 은행에 오는 사람들, 은행원의 일하는 모습, 은행 안의 물건들을 관찰하면서 은행에 대한 경험을 호기심으로 채워 봅니다. 이제 아이들은 자신의 통장이 생겼다는 것에 기쁨을 느끼고, 자신의 돈이 있다는 것에 뿌듯함도 느낍니다.

여기에 지킴이가 아이에게 자신의 돈에 대한 주도권을 넘겨 준다면 어떨까요? 지금까지 모았던 세뱃돈 등 가지고 있던 아이의 돈을 함께 넣어주는 것이죠. 그리고 아이가 용돈을 일정 금액 이상으로 모았을 때 더 얹어서 입금해주면 아이들은 저축하는 재미를 금방 느낍니다. 만약 집에서 모으는 홈페이를 잘 활용했다면 모은 홈페이를 진짜 돈으로 환전하여(얼마로 환전할 것인지는 집에서 각자 정하면 됩니다.) 같이 넣어주어도 좋겠네요.

이렇게 은행에서 통장과 현금카드를 만들었다면, ATM에 들러 통장 정리하는 방법을 알려줍니다. 그리고 현금카드로 돈을 입금하는 방법과 인출하는 방법도 연습해 봅니다. 비밀번호를 누를 때 다른 사람에게 보이지 않도록 조심해야 한다는 점도 알려주고, 돈을 찾는 경우에는 목표만큼 돈을 모으고, 꿈꾸던 물건을 살 때만 인출한다고 약속합니다. 아이에게 세세하게 가르쳐줄 것이 너무나 많지만, 이 모든 것을 처음해보는 아이의 입장에서 차근차근 알려주어야 합니다. 만약 아이가 현금카드를 보관하는데 두려움이 있다면 지킴이가 대신 맡아도 괜찮습니다. 하지만 통장은 아이 스스로 보관할 수 있도록 격려해 주어야 합니다.

그리고 통장을 살펴보며 입/출금 내역과 금액, 합계액이 나온다는 것도 알려줍니다. 또한 통장으로 돈이 오고 갈 때 메모를 남길 수도 있는데 이는 매우 중요합니다. 이 내역은 나의 생활 모습과 같기 때문입니다. 앞으로 용돈 교육이나 어른이 되어 재테크를 할 때 이 내역 메모를 기반으로 예산을 짜게 될 것입니다. 통장 내역은 아이에게 좋은 추억이 될 수도 있습니다. 만약 아이가 일정 금액 이상을 모았을 때 격려하기 위해 용돈을 더 보내준다면, 그 내역에 간단한 사랑의 메시지를 담아 보내 보세요. 별 것 아니지만, 통장에 인쇄되는 하트 하나에 아이들은 사랑을 느낍니다.

마지막으로, 통장 표지에 이 통장이 어떤 꿈을 이루기 위해 만들어졌는지 매직이나 펜으로 기록하게 합니다. 다짐을 간단하게 적어도 좋고 통장의 별명을 함께 지어도 좋습니다. 이제부터 그 목표를 이루기 위한 마음이 들거나 저축할 돈이 생길 때마다 저금통에 저금을 하고, 저금통 안의 돈이 모이면 통장에 입금하기로 약속을 합니다.

통장 표지에 저축 목표를 매직이나 펜으로 기록해두면
꿈을 이루는 데 재미가 붙고 한결 쉬워집니다.

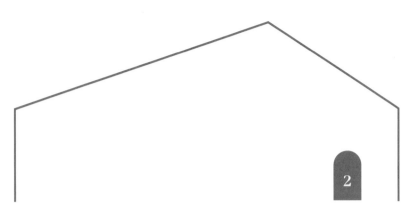

우리집 은행 세우기

과거 우리 부모들은 자녀에게 무조건 돈을 아껴 쓰고 저축하라고 가르쳤습니다. 하지만 이제는 무조건 돈을 아껴 쓰라는 조언은 설득력이 부족합니다. 시대와 가치관이 많이 변하면서 젊은 세대들은 저축하기보다는 현재의 만족을 위해 소비를 선택하는 경향이 커지고 있습니다.

복잡한 금융 환경에서 돈에 대한 올바른 인식과 역량을 갖추고 어려움을 해결할 수 있는 방법은 자녀에게 평생의 금융 습관이 되는 금융교육을 잘 가르치는 것입니다. 부모와 자녀의 금융교육에 대한 흥미로운 조사 결과가 있습니다. 자녀의 대부분이 부모에게 금융교육을 받았다고 생각하지만, 부모들은 실제 자녀에게 금융교육을 가르치지 않았다고 대답했다는 것입니다. 이런 결과는 자녀들이 부모의

'말'이 아닌 '행동'에서 금융 생활을 배우기 때문입니다. 따라서 자녀의 금융교육을 위해 부모는 스스로 올바른 금융 생활의 모습을 보여주어야 합니다. **자신의 행복도를 결정하는 것이 돈의 많고 적음이 아니라 자신의 마음가짐과 돈을 대하는 자세임을 가르쳐야 하는 것입니다.**

이를 위해서는 아이에게 단순한 경제 이론을 늘어놓는 것이 아닌 마트 놀이나 창업게임, 보드게임 등 놀이나 게임을 이용해 즐겁게 금융교육을 시작해야 합니다. 아이와 함께 동화책을 읽으면서 돈과 경제, 금융에 대한 개념을 자연스럽게 얘기하고, 부모가 어릴 적에 용돈 관리를 못해 생긴 에피소드나 충동구매로 인해 피해를 본 경험 등을 얘기해 주면서 흥미를 유발해 봅니다. 또한 아이와 같이 어린이 신문의 경제기사를 읽고 서로 생각을 나누거나, 박물관이나 각종 금융교육 체험 프로그램을 활용하는 것도 좋은 금융교육의 한 방법입니다.

지킴이표 금융교육에서는 우리집 은행 세우기를 해보겠습니다. 우리집 은행은 화폐를 발행하는 것뿐만 아니라 지킴이표 경제교육에 활용하는 화폐의 입출금을 처리하며 보관까지 해줍니다. 장기적인 큰 목표를 세우고 이를 달성할 수 있도록 대출 개념도 우리집 은행을 통해 배우게 됩니다. 실제 경제 생활에서 겪게 되는 세금 납부와 같은 일도 우리집 은행을 통해 배울 수 있습니다.

은행에서 하는 일을 떠올리며 자녀와 함께 우리집 은행에서 어떤 일을 하면 좋을지 생각해보겠습니다.

시중 은행이 하는 일과 우리집 은행이 하는 일 비교해 봅시다.

은행이 하는 일	우리집 은행에서 하는 일
입출금 업무	홈페이 입출금
대출 업무	홈페이 대출(부동산, 창업 등)
보관 업무	홈페이 보관 및 발행
공과금 수납 업무	집세 및 세금 수납
환전 업무	홈페이를 실제 돈으로 환전

우리집 은행의 가장 큰 장점은 자녀들에게 장기간에 걸쳐서 체득해야 할 복리의 개념을 빠른 순환과 이자율을 적용하여 복리의 마법을 배워보고 이를 실제에 적용할 때 어떻게 계획을 세우면 좋을지 알아볼 수 있다는 것입니다.

우리집 은행에서 체험는 복리의 마법

복리란 중복된다는 뜻의 한자어 복(復)과 이자를 의미하는 리(利)가 합쳐진 단어로서 말 그대로 이자에 이자가 붙는다는 뜻입니다. 복리 효과는 다양하게 불리고 있습니다. 복리의 마법, 눈덩이 효과(Snowball effect), 우주에서 가장 강력한 힘, 세계 8대 불가사의, 가장 위대한 수학의 발견, 72의 법칙(복리를 전제로 자산이 두배로 늘어가는 데 걸리는 시간을 계산하는 방식) 등 복리는 여유로운 경제 생활을 위한 핵심 개념으로 많은 사람이 알고 있습니다.

복리는 보통 단리 이자 방식과 구분이 됩니다. 단리는 원금에만 이자가 붙는 방식으로 기간이 길더라도 매년 발생하는 이자는 동일합니다. 예를 들어 1,000만 원을 단리 10% 상품에 투자하는 경우, 매년 발생하는 이자는 원금 1,000만 원의 10%인 100만 원입니다. 반면에 복리는 원금과 이자의 합에 이자가 붙는 방식으로, 매년 발생하는 이자가 커집니다. 1,000만 원을 복리 10% 상품에 투자하는 경우, 첫해 이자는 원금 1,000만 원의 10%인 100만 원이고, 둘째 해의 이자는 첫째 해의 원금과 이자의 합인 1,100만 원의 10%인 110만 원이 됩니다.

이러한 복리 방식은 기간이 길어질수록 원금이 기하급수적으로 증가하게 됩니다. 1,000만 원을 연 수익률 10%의 단리 상품과, 복리 상품에 각각 투자한 경우를 나타낸 그래프입니다.

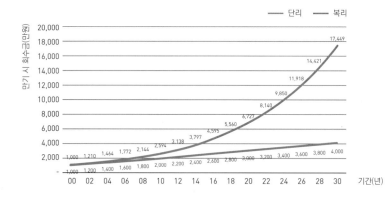

처음에는 단리와 복리의 차이가 크지 않지만 시간이 갈수록 그 격차가 기하급수적으로 늘어남을 볼 수 있습니다. 30년 후, 단리로 투자한 경우 4천만 원에 불과한 반면, 복리로 투자한 경우에는 1억 7천여만 원이 됩니다. 충격적인 결과이지 않습니까? 아마 이제 복리의 중요성이 조금은 이해가 되실 것입니다.

이렇게 놀라운 복리의 효과를 누리기 위해서는 어떻게 하는 것이 중요할까요?

첫 번째로 지속적인 재투자입니다. 복리는 〔원금과 이자〕에 이자가 붙는 것이라고 말씀드렸습니다. 그렇기 때문에 만약 발생한 이자를 인출하거나 사용해버린다면 복리의 효과가 사라지게 되므로, 원금과 이자를 지속해서 재투자하는 것이 중요합니다.

두 번째로 오랜 기간 지속하는 것입니다. 앞에서의 그래프를 보시면 투자기간 초기에는 단리와 큰 차이가 발생하지 않습니다. 기간을 길게 가져가면 갈수록 복리의 효과를 크게 볼 수 있는 것입니다. 여기서 오랜 기간 지속한다는 의미는 더 빨리 투자를 시작해야 한다는 의미와도 통합니다. 40대나 50대에게 남은 시간보다 2~30대 청년에게 남은 시간이 더 많습니다. 하루라도 더 빨리 투자를 시작하여 복리의 효과를 극대화할수록, 은퇴 후 부족하지 않은 여생을 즐길 수도 있고 심지어 은퇴를 앞당길 수도 있습니다.

이런 이유로 많은 사람이 경제를 일찍 공부해야 하며, 투자와 저축의 시기는 빠르면 빠를수록 좋다고 이야기하는 것입니다. 이런 이해는 투자로 향하는 첫걸음입니다. 예시를 통해 우리집 은행에서 홈페이를 3개월 동안 꾸준하게 저금할 때 어떻게 돈이 불어나는지 복리의 마법을 알아보겠습니다.

은행에 맡긴 저축액						은행이 준 이자						합계(캔)
거래일	만	천	백	십	일	이자 지급일	만	천	백	십	일	
8월 4일			3	0	0	8월 11일				3	0	330
8월 11일			3	3	0	8월 18일				3	3	363
8월 18일			3	6	3	8월 25일				3	6	399
8월 25일			3	9	9	9월 1일				4	0	439
9월 1일			4	3	9	9월 8일				4	4	483
9월 8일			4	8	3	9월 15일				4	8	531
9월 15일			5	3	1	9월 22일				5	3	584
9월 22일			5	8	4	9월 29일				5	8	642
9월 29일			6	4	2	10월 6일				6	4	706
10월 6일			7	0	6	10월 13일				7	1	777
10월 13일			7	7	7	10월 20일				7	8	855
10월 20일			8	5	5	10월 27일				8	6	941
단리 최종 금액	600캔					복리 최종 금액	941캔					

단리로 계산하면 600캔이 되는 돈이 복리에서는 941캔이 되었습니다! 무려 341캔이나 차이가 납니다. 작은 금액인데도 시간과 이자

율의 차이가 이렇게 큽니다. 아이와 함께 이 차이에 대해서 이야기를 하며 복리에 대해 이해할 수 있도록 합니다.

활동 2-3-② : 부록 p.27

우리집 은행에서 복리의 마법을 누려 봅시다.

홈페이를 통해서 복리의 효과를 체험해 볼 수 있도록 합니다.
통장을 2개 개설하고 1000홈페이를 일주일에 한 번씩 각각 통장에 지급합니다.
일반 예금 통장에서는 언제나 입출금이 가능하도록 해주고, 복리 예금 통장에는 입출금을 하지 않는 대신 1주일에 10%씩 이자를 주기로 약속합니다.
이 과정을 1~2개월 지속하며 통장 정리를 하고 이를 작성해 봅니다.

- 1주일에 한 번씩 1000홈페이 받고 통장 잔액을 정리해 봅니다.
- 복리 예금 통장은 1주일에 잔액의 10% 이자를 더 받습니다.

일반 예금 통장

목표 금액 :　　　　　　원　　　　　　용도 :

기간	10월 1주	10월 2주	10월 3주	10월 4주	11월 1주	11월 2주	...
통장 잔액							

복리 예금 통장

목표 금액 :　　　　　　원　　　　　　용도 :

기간	10월 1주	10월 2주	10월 3주	10월 4주	11월 1주	11월 2주	...
통장 잔액							

복리의 놀라운 마법은 누구나 알고 있지만, 자녀가 몇 년, 몇십 년이라는 오랜 기간에 걸쳐 배우는 것은 어렵습니다. 그래서 우리집 은행을 통해 이자 지급 시기를 한 달 또는 1주일 단위로 한다면 자녀들은 순식간에 불어나는 우리집 은행 속 자신의 계좌를 보며 복리의 중요성을 깨닫게 될 것입니다. 이 복리의 효과를 배우고 나서 실제 은행 계좌를 만들면 장기적인 저축 계획과 예금 상품을 선택할 수 있습니다.

아이의 용돈 교육

땅속 깊은 지하수를 끌어올리기 위해서는 펌프를 사용해야 하고 그 지하수를 처음 끌어올리려면 마중물이 필요합니다. 우리 자녀들도 돈에 대한 가치관을 세우고 금융 지식을 쌓는데 마중물 역할을 하는 것이 있습니다. 그 역할을 할 수 있는 것이 바로 용돈입니다. 세계적인 부자들 또한 자녀의 금융교육을 용돈에서 시작했습니다. 빌 게이츠는 자녀에게 일주일에 1달러(한화 약 1,000원)의 용돈밖에 주지 않는 대신 집안일을 도와주면 그에 따른 용돈을 추가로 줬다는 이야기로 유명합니다. 투자의 귀재로 알려진 워런 버핏은 어릴 때 아버지의 영향으로 자연스럽게 투자를 접해 최고의 투자자가 되었고, 자녀들에게도 엄청난 부를 물려주기보다는 스스로 자신의 인생을 살 수 있도록 가르쳤다고 합니다. 그래서 워런 버핏의 자녀들은 성인이 될 때까지 아버지가 큰 부자라는 사실을 몰랐다고 합니다. 이외에도 조지 소로스, 마윈, 샘 월튼 등 세계의 부자들도 모두 어릴 때부터 돈과 관련된 경험을 통해 돈의 소중함과 가치를 깨닫는 조기 금융교육이 중요하다고 강조했습니다. 어린 자녀들은 용돈을 통해 자연스럽게 돈을 경험하고 관리하는 법을 배우게 됩니다. 그러므로 용돈 교육은 가정에서 할 수 있는 가장 좋은 금융교육입니다.

용돈 교육은 아이가 화폐를 구별할 줄 알고 가치를 알게 되는 초등학교 입학 즈음 시작하는 것이 좋습니다. 이때 중요한 것은 용돈을 주는 시기와 액수 등은 아이와 처음 약속한 것에 대해 부모가 일관성을 가져야 한다는 것입니다. 용돈의 액수는 그 크기보다는 처음 약속한 금액을 꾸준히 주어야 하며, 용돈 주기는 자녀가 어릴 때는 하루 단위로 시작할 수 있고, 조금씩 아이가 익숙해지면 일주일에 한 번, 2주에 한 번, 한 달에 한 번 등으로 늘려 갈 수 있습니다. 용돈을 어디에 어떻게 사용할지도 부모가 일방적으로 정해 통보하기보다 아이와 함께 상의하여 결정하는 것이 좋습니다. 그리고 다음 용돈을 받기 전에 다 써버리고 추가로 용돈이 필요할 때는 적절한 이유가 있는 경우에만 추가로 용돈을 지급합니다. 한 번 정해진 원칙은 부모의 기분에 따라 달라지지 않아야 합니다. 아이가 예쁜 행동을 했다는 이유로 용돈을 추가로 주거나 성적이 떨어졌거나 잘못을 저질렀다고 용돈을 빼앗으면 아이는 부모를 믿지 않게 됩니다. 그리고 물건 정리나 방 청소 등 가족 구성원으로서 마땅히 해야 할 일을 했을 때는 용돈을 지급하지 않습니다. 정해진 용돈을 지급하는 것 외에, 아이가 정당하게 돈을 벌어보는 경험을 하도록 돕는 것이 도움이 됩니다. 자녀와 함께 중고장터나 플리마켓에서 물건을 팔아보는 경험, 집안일을 도울 때 용돈을 벌어보는 경험을 통해 아이는 돈의 귀함을 알고 씀씀이도 조절할 수 있게 됩니다.

자녀에게 얼마의 용돈을 주고 어떻게 줄 것인지 용돈을 사용하는 용도는 무엇인지 등을 기록해두는 방법으로 용돈계약서를 제안합니다.

활동 2-3-③ : 부록 p.29

용돈계약서 작성 시 들어가야 할 내용

(예시)
- 용돈을 주는 기간, 용돈 액수, 용돈 지급 날짜
- 용돈으로 저축하는 금액과 시기
- 용돈으로 지출하는 항목과 비중
  예) 간식, 친구선물, 준비물, 장난감 등 – 나(자녀) 100%
  　　 핸드폰 요금 –지킴이 80%, 나(자녀) 20%
- 용돈에 관하여 지켜야 하는 여러 가지 규칙과 추가 용돈이 필요한 경우,
  집안일을 도와드리고 500원을 받음
- 기타 필요한 사항
- 지킴이와 자녀의 확인(서명)

자녀에게 용돈을 얼마나 주어야 하는지는 상황에 따라 달라질 수

있지만, 단순히 다른 아이들과 비교해서 주기보다는 사용 용도에 따라 그 금액을 용돈에 포함할 것인지를 결정해 정하는 것이 좋습니다. 아이의 용돈이 떨어지는 것을 걱정하여 처음부터 충분한 용돈을 주고 지킴이가 아이의 지출을 간섭하는 방법도 있습니다. 하지만 이 방법보다는 자녀와 부모가 상의해 용돈으로 사용할 곳과 그 금액을 정하는 것이 좋습니다. 또 약속한 일을 하면 아이의 노력에 따라 더 많은 용돈을 벌 수 있게 할 것인지도 미리 정합니다. 만약 일에 대가로 용돈을 벌 수 있게 한다면 돈만을 목적으로 하지 않고 그 일의 의미, 임하는 태도로 신경 쓸 수 있게 지도해야 합니다. 용돈을 주는 방법도 자녀와 상의해 주기적으로 줄 것인지, 자녀가 필요할 때마다 줄 것인지를 결정하고, 만일 필요할 때마다 주는 경우에는 용돈이 생각보다 많아질 수 있으니 잘 확인해야 합니다. 아이가 어릴 때는 용돈을 현금으로 줘야 돈의 감각을 기를 수 있지만 어느 정도 큰 다음에는 체크카드나 지역화폐 등을 이용할 수도 있습니다. 체크카드나 지역화폐가 실제 신용카드는 아니지만 미리 신용카드를 쓰는 방법을 익힐 수 있고, 또한 앞으로 화폐가 사라지는 미래 사회에 대비해 올바른 금융생활을 경험할 수 있도록 합니다.

자녀에게 용돈을 주기 시작한 초기에는 용돈 사용 방법을 알려주어야 합니다. 아이가 돈을 관리하는 능력이 어느 정도 습득할 때까지는 주 1회 용돈을 주고 점차 주기를 늘리는 것이 바람직합니다. 그리고 투명한 저금통이나 유사한 통을 이용해 저축, 간식, 문구 등 돈의 쓰임이 구분되도록 스티커를 붙여 관리하도록 합니다. 이렇게 돈을 관리하는 방법을 익힌 아이는 커서 자연스럽게 통장 쪼개기나 분산 투자와 같이 돈 관리를 잘할 수 있게 됩니다.

용돈을 관리하는 방법에서 빼놓을 수 없는 것이 용돈기입장을 작성하는 것인데 용돈기입장은 자녀들이 재무설계의 기본 개념을 배울수 있는 좋은 활동입니다. 용돈기입장은 시중에서 판매하고 있는 것과 PC나 스마트폰 앱으로 개발된 용돈기입장 등 종류가 많습니다. 자녀와 함께 용돈기입장을 선택하고 어떠한 방식으로 기록할지 작성 방법을 익힙니다. 특히 지킴이가 먼저 가계부를 작성하는 모습을 자녀가 볼 수 있도록 하고, 때로는 자녀와 함께 가계부와 용돈기입장을 기

※ 용돈기입장 예시

금융감독원 금융소비자정보 포털 '파인'에서 어린이 · 청소년에게 계획적이며 합리적인 용돈관리를 돕기 위해 용돈관리 프로그램인 용돈기입장을 무료로 다운로드받을 수 있습니다.
용돈기입장에 사용한 돈의 내용을 기록하여 관리하면 언제, 얼마를, 어떻게 사용했는지 알 수 있어 소비생활을 반성할 수 있고 다음 계획을 세울 때에도 도움이 됩니다.

● 이용방법

금융소비자정보 포털 '파인' (http://fine.fss.or.kr) → 금융교육센터 → 금융교육콘텐츠 → 금융교육자료방 → 체험교육자료 → 용돈기입장 다운받기

▲ 〈파인〉 용돈기입장 다운로드 바로가기

록하면서 느낀 점에 대해 대화하는 시간을 가져보는 것도 좋습니다. 용돈이 모자랐다면 왜 그랬는지, 용돈이 남는 경우에는 어떻게 할 것인지, 지출한 금액에 대한 만족도 등을 함께 이야기해보는 것이지요.

저축 습관 기르기

요즘 아이들은 최소 10억 원은 있어야 부자라고 생각한다고 합니다. 그러나 그 돈이 얼마나 모으기 힘든 금액인지는 잘 모릅니다. 그저 로또에 당첨되거나 부모님이 물려주시면 좋겠다고 생각할 뿐입니다. 우리는 자녀에게 티끌을 모아 태산을 만드는 방법을 알려주는 것과 함께 티끌을 모으는 '습관'을 길러줘야 합니다.

이번에는 자녀에게 저축 습관을 길러주는 방법을 함께 알아보겠습니다. 자녀의 저축습관을 기르기 위해서는 앞장에서 설명했듯이 저축 목표를 정해야 합니다. 자녀가 특별히 갖고 싶은 물건이나 하고 싶은 일을 위해 필요한 금액이 얼마인지 생각하여 저축 목표를 정합니다. 이때는 "언제까지 무엇을 위해 얼마를 모으겠다."와 같이 구체적으로 정하도록 도움을 주어야 합니다.

활동 2-3-④ : 부록 p.31

갖고 싶은 물건이나 하고 싶은 일을 위해 저축 목표를 정해 봅니다.

(예시)
- OO폰: 3만 원씩 10개월 동안 모으겠다.(30만 원)
- 해리포터 전집: 집안 일 틈틈이 돕기, 우리집 가게 운영으로 이윤 남기기(20만 원) 올해 안에는 꼭 갖겠다.
- 피아노: 열심히 하는 모습을 보여(신용도를 높여) 홈페이 대출받기(가능할지 의문?)

활동 2-3-⑤ : 부록 p.35

저축 목표에 대해 평가를 해봅니다.

저축 목표 전에 갖고 싶은 물건에 대한 평가를 해보도록 합니다.
- 소비 계획을 세울 때 따져 봐야 할 점을 생각하면서 가장 갖고 싶은 물건의 순서를 적어 봅니다.
- 나에게 꼭 필요한 물건인가?
- 가격은 얼마인가?(적당한가? 비싼가?)
- 성능은 어떠한가?
- 내가 가진 돈의 범위에서 살 수 있는 물건인가?
- 먼저 사용해 본 사람들의 의견은 어떠한가?

저축 목표 세우기
- 저축 이유 : 나는 (   )을 위해서 저축을 한다.
- 저축 금액 : 나는 (   )원을 모은다.
- 저축 기간 : (   )부터 (   )까지 돈을 모은다.

아이가 저축 목표를 정했다면 이제 실천으로 이어질 수 있도록 도와줍니다. 초등학생이라면 투명한 저금통을 이용해 돈이 모이는 것을 눈으로 볼 수 있도록 하는 것이 도움이 되며, 저금통에 본인이 직접 쓴 목표를 붙여 놓도록 합니다. 저축으로 생기는 이자에 대한 개념과 장점을 알려주기 위해서 지킴이가 정기적으로 약간의 이자를 더 지급하는 것도 좋은 방법입니다. 우리집 은행을 활용한다면 복리의 기쁨을 느낄 수 있도록 이자 지급 기간을 짧게 자주 순환될 수 있도록 해줍니다.

실제 은행에서 예금 상품에 가입할 경우는 목표와 자녀의 사정에 맞는 상품을 선택합니다. 앞서 제시한 것처럼 저축 통장은 보통예금, 정기예금, 정기적금 등 여러 가지가 있고, 각각 이자, 저축하는 방법 등이 달라서 내가 가진 돈이 얼마인지, 용돈은 얼마인지, 용돈을 받는 주기 등을 따져보고 신중하게 선택해야 한다고 설명합니다.

또 저축 계획을 세울 때는 저축 기간과 저축 금액을 일정하게 정하도록 합니다. 매달 또는 매주 일정한 금액만큼을 저축하기로 계획하면, 꼭 필요한 물건만 사게 되어 무분별한 소비를 줄일 수 있습니다.

활동 2-3-⑥ : 부록 p.36

우리집 은행 상품을 만들어 봅니다.

가입목적	상품선택 기준	상품
용돈관리	자동화기기 수수료 면제 요건, 체크 카드 사용 등	보통 예금
저축습관	우대금리조건, 만기금리비교, 추가 서비스 확인 등	정기적금 자유적금

경제금융교육	국내 해외 투자대상(지역), 주식형, 혼합형 등 펀드종류, 장단기 수익률, 환헤지 여부, 비과세 여부 등	적립식 펀드
위험대비, 장기저축	실손의료비, 순수보장성, 비과세 여부, 보험사 건전성 확인, 수수료 등	보험

활동 2-3-⑥ : 부록 p.37

저축 목표를 생각하며 목적에 맞는 우리집 은행 상품을 만들어 봅니다.

목적	선택 기준	상품 이름	상품 특징 (이자 및 가입 기간)
용돈관리	자유입출금	○○이네 보통예금	10% 단리
○○폰	우대금리	○○폰 정기적금	10% 복리/10개월
해리포터 전집	자유적금식	○○○이네 자유적금	5% 복리/6개월
피아노	낮은 이자/ 단, 신용도 유지 필수	○○○이네 대출통장	1%/3년 상환

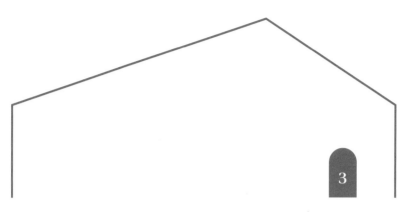

신용평가에 대해 알아보기

3

신용이 있으면 그 사람이 취급할 수 있는 돈이 많아지고, 신용이 적으면 취급할 수 있는 돈은 적어지기 마련입니다. 지금까지는 어느 대학을 졸업했는가 하는 '학력(學歷)'이 중시되었다면 이제는 돈을 어떻게 사용했는가 하는 '액력(額歷)'이 중시되는 시대가 되었습니다. 이렇게 신용 사회에서는 신용도의 높고 낮음이 인생의 자유와 연결되어 있습니다. 지킴이가 자녀에게 올바른 금융습관을 지닐 수 있도록 경제교육을 해야 하는 또 다른 이유입니다.

신용은 사전적 의미로 사람이나 사물에 대한 믿음성의 정도이며 경제적인 의미로는 거래한 재화의 대가를 앞으로 치를 수 있음을 보이는 능력입니다. 간단하게 말해 남의 돈을 잘 갚을 수 있는 능력을 말

합니다. 즉 신용이 좋다는 것은 빌려 간 돈을 약속한 시기에 약속한 돈을 갚을 수 있는 능력이 충분하다는 뜻입니다. 우리나라에서는 개인신용평가회사가 개인의 신용도를 평가해서 점수로 나타냅니다. 기존의 신용 등급제를 적용할 시기에는 1등급에서 10등급으로 나눈 신용등급에 따라 낮은 등급에는 대출을 거절하던 관행이 있었습니다. 이를 개선하기 위해 2021년 1월 1일부터 1000점이 만점인 점수를 등급처럼 활용하는 신용점수제를 도입하였습니다. 이는 금융회사가 세분화된 대출 심사 기준을 도입함으로써 저신용 금융소비자의 금융 접근성이 제고되는 효과가 생깁니다. 이런 금융 시스템의 기준을 지킴이표 경제교육에 적용함으로써 자녀와 함께 신용에 대해 알아보고 나아가 사람 간 믿음의 의미를 바르게 체득할 수 있습니다. 신용거래를 비교적 적은 금융비용으로 이용하기 위해서는 신용관리를 꾸준히 해야 합니다. 신용 덕분에 신용카드로 물건을 구매하거나 자동차, 휴대폰 등 고가의 물건을 할부로 살 수 있습니다. 일반적으로 신용평가회사에서는 만 18세 이상의 성인을 대상을 신용점수를 산정하고 있습니다. 경제교육을 통해 이른 시기부터 바른 신용관리 습관을 지닌다면 성인이 되어서도 신용점수를 잘 관리할 수 있습니다.

　　신용점수 평가요소와 활용 비중을 살펴보면 신용점수를 잘 관리하기 위해서는 작은 금액이라도 연체하지 않도록 주의해야 합니다. 대출금 연체 및 과거 채무 상환 이력은 신용에 가장 많은 영향을 미치는 요소입니다. 자녀와 함께 기준표를 살펴보며 약속의 중요성을 애기해볼 수 있습니다.

| 신용점수 평가요소 및 활용 비중

평가 요소	평가 요소의 상세내용	활용비중
상환이력	현재 연체 및 과거 채무 상환 이력	30.6%
부채수준	채무 부담 정보 (대출 및 보증채무 등)	26.4%
신용거래기간	신용 거래 기간 (최초/최근 개설로부터 기간)	13.3%
신용형태	신용 거래 패턴 (체크/신용카드 이용 정보)	29.7%
계		100.0%

활동 2-4-① : 부록 p.38

지킴이표 경제교육 속 신용 평가 요소는?

신용점수 평가 요소를 보고 자녀와 함께 우리집 생활 속에서 신용을 평가할 수 있는 요소를 정리해 봅시다.

상환이력	개인이 채무를 기한 내 상환 여부, 과거 채무 연체 경험에 대한 정보입니다. 채무를 기한 내에 상환하지 못하면 연체 정보가 발생하게 됩니다. • 우리집 생활 속에서 신용을 평가할 수 있는 요소는?

부채수준	– 현재 부채수준은 개인이 현재 보유한 대출, 보증 등 상환이 필요한 채무에 대한 정보입니다. – 개인이 보유하고 있는 현재 부채수준에 따라 채무상환부담 정도가 달라지므로, 개인의 신용위험을 평가하는데 중요한 평가지표가 됩니다. • 우리집 생활 속에서 신용을 평가할 수 있는 요소는?
신용거래기간	신용거래기간이란 신용개설, 대출, 보증 등 신용거래 활동을 시작한 후 거래기간에 대한 정보입니다. • 우리집 생활 속에서 신용을 평가할 수 있는 요소는?
신용형태	– 신용거래 기관 및 상품의 종류에 따라 대출금리 수준에 차이가 있으며 이로 인하여 대출금액이 동일하다 하더라도 채무상환부담에 차이가 있으므로, 신용거래의 종류에 따른 채무상환부담의 차이가 개인신용평가에 반영될 수 있습니다. – 신용카드를 이용하는 패턴은 개인의 신용카드 사용실적의 건전성을 판별하는 중요한 요소이기 때문에 신용평가에 반영될 수 있습니다. • 우리집 생활 속에서 신용을 평가할 수 있는 요소는?

자녀에게 올바른 신용관리 습관을 가질 수 있도록 우리집 신용평가를 지킴이표 형태로 제시합니다.

활동 2-4-② : 부록 p.40

신용의 키를 높여요!

신용의 키를 높이기 위한 방법을 생각해 봅시다. 각 항목의 신용요소를 지키기 위해 실천할 수 있는 방법을 적어 봅시다.

1. 약속 지키기	(예시) 친구들과의 약속 지키기 / 가족과 약속 지키기 / 생활 목표 세우고 실천하기 / 방학 생활 계획표 작성
2. 과거 돌아보기	(예시) 빌려본 책 약속한 날짜에 반납하기 / 빌린 학용품 반납하기 / 외출 후 손 잘씻기
3. 계획 세우기	(예시) 용돈은 범위 내에서 사용하기 / 우리집 대출 사용하고 정해진 약속대로 갚기 / 휴대폰 요금제 정하기 / 휴대폰 제공 서비스 범위 알아보고 주어진 서비스 용량 범위 내에서 사용하기

각 기준에 따라 나의 신용점수를 평가해 봅시다.

스스로 평가표 예시

신용요소	평가 기준	점수(10점 만점)
약속하기	친구들과의 약속 지키기	9
	가족과 약속 지키기	9
	생활 목표 세우고 실천하기	7

과거 돌아보기	빌려본 책 약속한 날짜에 반납하기	8
	빌린 학용품 반납하기	10
	외출 후 손 잘씻기	9
계획 세우기	용돈은 범위 내에서 사용하기	8
	우리집 대출 사용하고 정해진 약속대로 갚기	10
	휴대폰 서비스 용량 범위 내에서 사용하기	10

우리집 신용평가 기준 정하기

신용점수의 평가 요소를 우리집 은행에서도 적용해보고 이에 따라 우리집 은행의 혜택을 자녀와 함께 이야기해 볼 수 있습니다. 지킴이표 경제교육 속 신용점수제를 시행하기 위해서는 자녀와 함께 합의한 신용 기준이 필요합니다. 예를 들어 생각, 마음, 몸 3가지로 기준을 분류하여 자녀가 꾸준히 실천해야 할 일을 세부 항목으로 정할 수 있습니다. 너무 많은 기준보다는 꾸준히 지켜나갈 수 있는 일을 기준으로 정해 실천해 나가며 바른 생활 습관을 형성해 갈 수 있도록 도와주는 것입니다. 지킴이가 일방적으로 기준을 정하기보다는 가족이 함께 논의하여 자녀가 수긍할 수 있는 내용으로 우리 가족이 중요하게 생각하는 가치와 그 실천 방법에 대해 작성해 봅니다.

활동 2-4-③ : 부록 p.42

우리집 신용평가 기준 정하기

1. 우리 가족이 중요하게 생각하는 가치는 무엇인가요?

(예시) 생각튼튼 : 지혜, 유머, 용기, 양심, 예의

마음튼튼 : 공감, 존중, 이해, 배려, 사랑, 나눔

몸튼튼 : 건강, 운동, 청결

2. 중요한 가치를 실천하기 위해 꾸준히 할 수 있는 활동은 무엇이 있을까요?

가치	실천 방법
생각튼튼	매일 30분 이상 공부
	독서 꾸준히 하기
마음튼튼	도움이 필요한 주변 사람들에게 선행 실천하기
	친구와 가족의 마음 헤아리기
몸튼튼	운동하기
	청결유지하기(손 씻기, 양치 잘하기)

활동 2-4-④ : 부록 p.43

실천의 정도에 따라 등급과 조건을 작성해 봅시다.(예시)

자격조건				
가치	생각튼튼	마음튼튼	몸튼튼	신용 등급
실천 방법	매일 30분 이상 공부	선행 실천하기	운동하기	

실천 횟수	4회~	6회~	12회~	1	신용우량
	3회	5회	11회	2	
	2회	4회	10회	3	신용관리 상태좋음
		3회	9회	4	
	1회	2회	8회	5	일반적인수준, 신용관리필요
			7회	6	
	0회	1회	6회	7	신용하락위험, 주의필요
			5회	8	
		0회	4회	9	위험등급, 부실가능성큼
			~3회	10	

신용등급 평가는 자녀가 한 주 동안의 자기 모습을 되돌아보고 스스로 평가를 해볼 수 있도록 합니다. 등급에 따라 자신의 모습을 스스로 칭찬하거나 반성하며 신용 관리를 할 수 있는 습관을 기를 수 있는 기회가 될 것입니다. 신용등급제를 시행하기 위해서는 가족이 함께 신용 기준을 세울 필요가 있습니다. 앞에서 제시한 약속지키기, 과거 돌아보기, 계획 세우기 항목을 활용할 수도 있고 우리 가족만의 새로운 가치를 기준으로 만들 수 있습니다. 항목과 활동에 따라 등급 기준은 다를 수 있습니다. 다음의 교실에서 적용하는 '신용등급 평가표'를 보면 알 수 있듯이 '학습' 항목은 기본 등급으로 7급이 주어집니다. 꾸준히 실천이 어려운 활동의 항목에는 기본 등급을 주고 시작합니다.

신용등급 평가표 예시

스스로 확인표 ( )		월	화	수	목	금	토	일	다음주 신용등급 (8)급
생각 튼튼	30분 공부			1					10급 9급 8급 7급 6급 5급 4급 3급 2급 1급
마음 튼튼	선행 실천하기	1	1					1	10급 9급 8급 7급 6급 5급 4급 3급 2급 1급
몸 튼튼	운동 하기	1		2		2		2	10급 9급 8급 7급 6급 5급 4급 3급 2급 1급

■ 기본등급
□ 도달등급

나의 신용 점수 그래프를 그려 봅시다.(꺾은선 그래프)

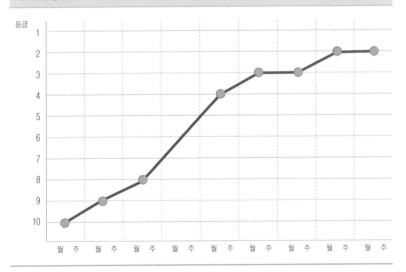

하지만 '운동'과 같은 쉬운 활동은 기본 등급 없이 시작합니다. 자녀가 실천하기 쉬운 활동은 실천 횟수를 모두 채워야만 1급까지 등급을 받을 수 있도록 합니다. 교실 속 '스스로 확인표'에서 가장 낮은 '몸튼튼' 항목이 8등급에 따라 최종 8등급으로 결정되는 것처럼 신용등급의 결정은 최종 신용등급 평가표 항목 중 가장 낮은 등급을 따르게 됩니다. 이 방법은 자녀들이 모든 활동을 골고루 하려고 노력하게 되는 장점이 있습니다. 신용등급 평가 그래프로 작성하여 잘 보이는 곳에 붙여 둔다면 자신의 생활습관을 점검하고 신용점수 유지를 위해 노력하는 모습을 볼 수 있습니다.

자녀와 함께 신용등급을 살펴보며 신용등급에 따른 혜택도 함께 정해봅니다. 주기적으로 지급하는 홈페이에 보너스를 더하거나 우리집 은행에 예치를 했을 때 이자를 더 많이 주는 혜택도 가능합니다. 이외에도 지킴이표 경제교육에서 중요하게 생각하는 요소를 시기나 상황에 맞춰 융통성 있게 등급별 혜택을 설정할 수 있습니다.

- 👧 아빠, 우리 집에서 신용도가 높으면 뭐가 좋아?
- 👩 그래. 우리집 신용등급표도 만들었으니 혜택도 있어야겠지?
- 👧 어른들은 신용이 좋으면 무슨 혜택을 받아?
- 🧑 신용도가 높으면 은행에서는 돈을 더 많이 빌려주니까, 우리집 은행에서는 어떻게 하면 좋을까?

우리집 신용점수제를 통해서 평가한 신용점수를 통해 얻을 수 있는 혜택과 점수 범위를 정해 봅시다.

신용 등급		등급별 가능범위			
		대출한도 (부동산 단계 적용)	금융서비스	혜택권	사업(창업)
1	신용우량	자산의 4배까지	이자 2배	가격 반값 (최대 3장)	보조금 3배
2		자산의 2배까지			
3	신용관리 상태좋음				
4		자산만큼만	해당 없음	가격 반값 (최대 1장)	보조금 2배
5	일반적인수준, 신용관리필요				
6					
7	신용하락위험, 주의필요	자산의 1/2까지	해당 없음	해당 없음	보조금 1배
8					
9	위험등급, 부실가능성큼	대출 불가			해당 없음
10					

👧 나도 홈페이 더 받으면 좋겠다.

👩 실천 기준을 잘 지켜서 높은 신용을 유지한다면 그 혜택도 좋지.

홈페이에 보너스를 더하는 게 좋겠다.

👧 또 은행에서는 어떤 혜택을 줘?

🧑 돈을 빌릴 때 이자를 싸게 해주고, 돈을 맡길 때는 이자를 더 많이 주지.

👩 그럼 우리도 우리집 은행에 돈 맡기면 이자 더 많이 주자!

👩 그리고 나중에 우리집 은행에서 대출하면 이자를 싸게 해주는 것도 혜택으로 하자. 또 뭐 없을까?

👩 우리집 가게에서도 혜택을 만들면 좋겠다. 신용등급이 높으면 과자도 혜택권도 더 싸게 파는거지.

👩 그것도 좋네. 하지만 반대로 신용등급이 낮아지면 비싸게 파는 것도 잊으면 안돼!

　

신용평가제도는 금융회사으로부터 돈을 빌리는 이가 돈을 얼마나 잘 갚을 수 있는지를 판단하기 위한 제도입니다. 지금까지 신용평가제도는 이러한 의미에 맞춰 평가대상의 금융거래를 이용하여 신용평가를 해왔습니다. 평가대상의 직업과 소득뿐만 아니라 과거 대출 기록, 신용카드 거래내역, 각종 요금 납부 기록 등을 확인하여 신용평가를 해왔습니다. 하지만 최근 들어 IT 기술이 발달하면서 빅데이터를 활용한 새로운 신용평가 방법이 부각되고 있습니다. SNS 사용 기록뿐만 아니라 생활습관 등의 다양한 데이터를 활용하여 신용을 평가하는 것입니다. 우리 자녀가 테크놀로지 시대를 살아가는 디지털 유목민으로 SNS 활동과 다양한 생활습관을 통해 신용평가를 받게 될 비중은 더 높아질 것입니다.

우리 자녀가 신용도가 높은 성인으로 성장할 수 있도록 가족과 함께 집에서 신용평가 활동을 연습해볼 수 있습니다. 돈을 빌리고 갚는 것뿐만 아니라 바른 생활습관을 만들기 위해 노력하는 것이 신용도가 높은 성인이 되기 위한 좋은 연습의 기회가 될 것입니다.

TALK

머니샘이 전하는 <금융회사> 이야기

 금융이해력의 시작은 금융회사 이용부터!

아이들은 놀면서 배우고, 체험하면서 배웁니다. 백문이 불여일견이라는 말이 있듯이 금융 공부도 지킴이의 설명이나 책 내용만으로는 한계가 있습니다. 가장 좋은 방법은 아무리 작은 경험이라도 지킴이와 아이가 직접 은행, 증권회사와 같은 금융회사를 방문하여 계좌를 개설해보고 적은 돈이라도 직접 내 돈을 넣어 금융상품까지 구매해보는 것입니다. 이런 일회성 금융회사 방문을 보완하기 위한 방법도 있습니다. 앞서 소개해 드린 것처럼 가정에서 가상의 금융회사와 금융상품을 만들어 놀며 체험하는 것입니다. 이런 과정을 통해 아이들은 기본적인 금융지식 뿐만 아니라 금융회사에 대한 익숙한 이미지와 자신만의 의미를 형성해나갈 수 있습니다.

신용관리 능력은 어릴 때부터 길러야 한다

성인은 신용도의 중요성을 잘 알고 있습니다. 신용관리를 제대로 하지 못하여 신용불량자가 된다면 겪게 될 고통이 너무 크다는 것도 잘 압니다. 하지만 신용관리 능력을 기르기 위해 어릴 때부터 습관을 잡아줘야 한다는 것에 대해서는 생각해보지 않습니다. 앞서 소개드린 신용평가 항목들처럼 신용평가라는 것은 은행 대출을 잘 갚고, 카드 대금을 잘 납부하며, 휴대폰 이용료와 같은 각종 서비스 대금을 잘 납부하는 것만이 전부는 아닙니다. 물론 신용평가의 가장 중요한 필요성은 그 사람이 얼마나 잘 돈을 갚을 수 있을지를 판단하기 위함이지만 신용평가 안에는 단순히 돈을 꼬박꼬박 갚는 능력뿐만 아니라 그 사람이 얼마나 성실한지, 그리고 신뢰를 주는 사람인지를 판단하는 의미도 있습니다. 그렇기 때문에 아이들에게 요구하는 바람직한 생활습관과 신용평가는 별개가 아닙니다. 아이의 생활습관을 기르고 잘 만들어가는 과정이 신용평가이며, 신용관리 능력을 어릴 때부터 길러야 한다는 것은 너무나 당연한 일입니다.

세상에 공짜 점심은 없다.

밀턴 프리드먼 _ 미국의 경제학자

투자

투자를 아는
현명한 자본가 되기

PART
3

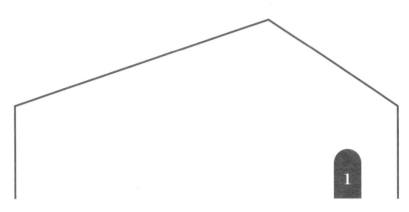

투자 교육의 필요성

최근 들어 투자에 대한 관심이 무척 높아졌습니다. 특히 2020년 3월 이후 '동학개미운동'이라는 이름으로 주식투자 열풍이 불면서 주식투자에 대한 관심이 어느 때보다 높습니다. 2021년 1월, 신규로 개설된 증권계좌만 해도 167만 개입니다. 이 중 미성년자의 신규 개설 건수는 47만 5,399개라고 합니다. 이는 2015년부터 5년간의 개설 건수인 32만 건을 합친 것보다도 많은 숫자입니다.•

더불어 자녀의 경제교육에 대한 관심도 굉장히 높아졌습니다. 지금 이 책을 읽고 있는 지킴이 역시 최근 높아진 자녀의 경제교육에 대

• https://www.chosun.com/economy/2021/02/07/IB77SEJZFNEPJGFNZXM2VBBAAA/

한 관심의 반증이라고 할 수 있습니다.

지킴이 중에는 자녀가 하루빨리 투자 방법을 익혀 돈 버는 방법을 배웠으면 좋겠다고 생각하는 분도 계시겠지만 대부분은 내 자녀가 투자에 대해서 바르게 이해하고, 좋은 투자 철학과 원칙을 익혀 앞으로 살아가는 데 큰 힘이 되었으면 하는 바람이 더 크실 것입니다.

그래서 이번 '투자' 편에서는 지킴이들의 바람을 담아 투자가 왜 필요한지, 다양한 유형별 투자 방법, 그리고 가정에서도 쉽고 재미있게 할 수 투자 교육 방법을 소개합니다.

투자의 이유

우선 투자 교육을 위해서는 지킴이부터 왜 투자가 필요한지를 알아야 합니다. 투자는 왜 할까요? 물론 돈을 벌기 위해서 투자를 하는 것입니다. 하지만 투자의 이유를 단순히 돈을 많이 벌기 위해서라고만 생각한다면 자칫 투자가 높은 수익을 좇는 수익률 게임으로 생각될 수 있습니다. 그러다 보면 오히려 나의 돈을 더 위험하게 만들 수도 있습니다.

돈을 벌기 위한 목적 외에 꼭 알아야 하는 이유 중 하나는 나의 소중한 돈을 지키기 위함입니다. 가만히 돈을 들고 있거나 은행에 저축만 하게 되면 나의 소중한 돈이 녹아서 조금씩 사라지기 때문입니다.

'돈이 녹아서 사라진다.'는 것이 어떤 의미인지 설명해 보겠습니다.

우리나라의 경제는 고속 성장의 시대를 마감하고 저성장기에 돌입하여 오랜 기간 지속하고 있습니다. 국가의 경제성장 속도가 떨어지면 중앙은행과 정부는 금리를 내리고 돈을 더 풀어 경기를 살리기 위해 노력합니다. 성장이 계속 떨어질 때는 조금이라도 이자 비용을 줄여줘야지 기업의 투자가 늘어나거나 가계의 지출을 늘릴 수 있기 때문입니다.

예를 들어 1억을 빌려서 200만 원의 이자를 내야 한다면 적어도 200만 원 이상을 벌 수 있는 기업만이 돈을 빌리고 투자를 할 수 있습니다. 하지만 금리를 내려 100만 원의 이자를 내야 하는 상황을 만들어주면 그전에는 200만 원을 벌 자신이 없었던 기업도 투자에 동참할 가능성이 커집니다. 그런 투자들이 모이면 조금이라도 성장률을 높이거나 적어도 하락을 막을 수 있기 때문입니다.

| 한국은행 기준금리추이

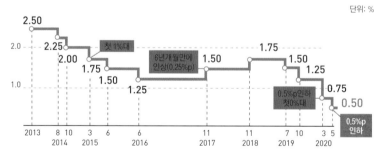

자료 : 한국은행

1990년대까지 우리나라 경제는 높은 성장률을 보였습니다. 그 당시에는 은행에 저축만 해도 이자로 돈이 불어나는 것이 느껴졌습니다. 그래서 은행 외에 따로 투자할 필요가 없었습니다. 하지만 이제는 아무리 큰돈을 은행에 맡겨도 이자 수익만으로 내 재산을 늘리기가 쉽지 않을 만큼 금리가 떨어졌습니다.

더불어 중앙은행과 정부가 금리를 계속 떨어뜨리고 돈을 마구 풀어대기 때문에 돈의 가치는 하락하고 있습니다. 이런 상황에서 열심히 일해서 번 나의 소중한 돈을 가만히 들고 있는 것은 더운 여름철에 아이스크림을 가만히 들고 있는 것과 같은 행위입니다. 그래서 내 소중한 돈이 녹아내리기 전에 그 돈을 어딘가에 투자해야 하는 것입니다.

그리고 투자를 해야 하는 이유가 또 하나 더 있습니다. 바로 인간의 평균 수명이 점점 더 늘어난다는 것입니다. 의료기술이 발달하여 평균 수명이 늘어나는 것은 축복이지만 경제적으로는 악몽이 될 수도 있습니다. 은퇴 후 남은 삶이 많기 때문에 그 긴 노후를 위해 자산이 더 많이 필요합니다. 하지만 현실은 우리에게 충분한 자산을 모을 여유를 주지 않는 경우가 많습니다.

다음의 그래프는 자녀 2명 둔 평범한 맞벌이 가정의 순자산 변화를 나타내는 그래프입니다. 순자산은 전 생애 동안 크게 두 번 변하는 것을 볼 수 있습니다. 우선 첫 번째는 내 집을 장만할 때이고, 두 번째는 은퇴하는 시기입니다. 그리고 또 하나 눈여겨보셔야 할 것이 70대 중반이 넘어서면 가계의 순자산이 -(마이너스)가 된다는 것입니다. 요즘

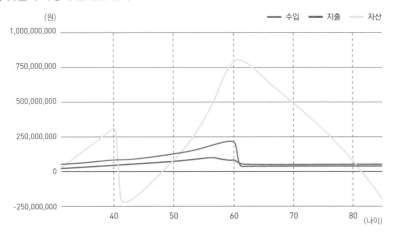

100세 시대라는 말을 많이 하는데 100세까지 그래프를 연장해본다면 많이 암울해질 것 같습니다.

평범한 직장인이라면 승진을 빨리하거나 능력을 인정받아 연봉이 상승하더라도 위 그래프의 하락선을 조금 늦추는 것에 만족해야 합니다. 이 그래프를 바꾸기 위해서는 바로 투자가 필요합니다.

다음은 투자를 통해 연간 수익률을 5%로 만든 경우 변화된 그래프입니다. 노란색 투자자산 곡선이 떨어지지 않고 상승하는 게 보이시나요? 5% 수익률만으로 노후가 불행해지지 않는 것을 알 수 있습니다. 단 5%의 수익만으로 이런 변화가 일어나는 가장 큰 이유는, 투자에는 복리의 마법이 숨어 있기 때문입니다. 우리의 노동은 복리로 가치가 높아지지 않지만 투자자산은 가치가 복리로 높아집니다. 그리고

| 투자를 통해 연간 수익률 5%로 만든 순자산의 변화

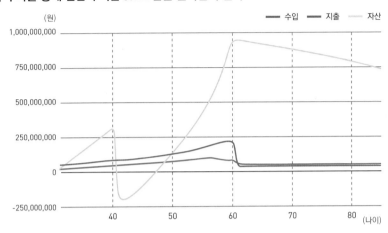

시간이 지나면 지날수록 복리의 마법은 더 큰 힘을 발휘하게 됩니다. 그 결과 우리의 노후까지 대비할 수 있게 되는 것입니다.

다시 한번 투자의 이유를 정리해보겠습니다. 먼저, 투자를 하게 되면 화폐의 가치가 녹아내리는 것을 막을 수 있다고 설명했습니다. 가만히 있으면 돈의 가치가 떨어지는데 이에 대비하기 위해서 투자를 해야 합니다. 두 번째는 복리의 마법을 통해 노후를 대비하기 위함입니다. 오랜 기간 일정 수준 이상의 투자수익률로 우리 자산을 키운다면 무럭무럭 자라난 우리의 자산이 노후를 지켜줄 것입니다.

이제 지킴이가 이해한 것을 바탕으로 아이를 이해시켜야 합니다. 우리 아이들이 위 그래프 자료를 통해 투자의 필요성을 이해하는 것은 쉽지 않을 것입니다. 그래서 아이들이 이해하기 쉬운 재미난 활동을 만들어 보았습니다. 이 활동의 이름은 '오르는 물가! 내 돈의 가치는?!'입니다. 이름에서 느껴지는 것처럼 화폐의 가치 하락을 통해 투자의 이유를 이해하는 활동입니다. 그럼 지금부터 차근차근 활동 방법을 설명하겠습니다.

오르는 물가! 내 돈의 가치는?!

'오르는 물가! 내 돈의 가치는?'(이하 '돈가치')는 과거와 미래의 물건값을 비교해봄으로써 시간이 지남에 따라 돈의 가치가 떨어지는 것을 학습하는 활동입니다. 혹시 요즘 짜장면 가격이 얼마 정도 하는지 아시나요? 동네마다 조금씩 차이는 있겠지만 대략 5,000원 정도 할 것입니다. 그러면 1990년대에는 얼마였을까요? '서울연구데이터서비스'에 따르면 1,000원 정도였다고 합니다.●

시간을 조금 더 거슬러 올라가면 얼마일까요? 1970년대는 무려 100원이었습니다. 짜장면 가격을 비교해보면 50년 만에 무려 50배가 비싸졌습니다. 그렇다고 짜장면의 양과 질이 50배가 커진 것이 아닌데 왜 이렇게 가격이 올라간 것일까요? 바로 화폐의 가치가 그만큼 떨어진 것입니다. 이를 활동을 통해 깨닫는다면 우리 아이들도 투자가 왜 필요한지 잘 이해할 수 있습니다.

● http://data.si.re.kr/node/376

1970년대로 시간 여행을 떠나봅시다. 그때의 물가를 조사하여 100만원으로 사고 싶은 물건을 골라 아래에 적어 봅시다.

순	물품 이름	물품가 (원)	수량 (개)	금액 (원)	남은 돈 (원)	현재 가격? (원)
1	자동차	700,000	1	700,000	300,000	200,000,000
2	라면	20	100	2,000	298,000	70,000
3	TV	70,000	3	210,000	88,000	2,000,000
4	소고기(500g)	400	5	2,000	86,000	250,000
5	쌀(40kg)	3000	2	6,000	80,000	200,000
...						

'돈가치'는 우선 위에 나오는 표처럼 과거의 한 시점으로 돌아가 100만 원으로 쇼핑을 해 봅니다. 70년대나 80년대처럼 되도록 한참 전이 물가 차이도 나고 좋습니다. 사고 싶은 물건을 조사해 보고 쇼핑 리스트를 꾸려 봅니다. 물론 시대마다 다르긴 하겠지만 100만 원이 꽤 큰돈이기 때문에 고가의 물건을 구매하지 않으면 쇼핑 리스트를 다 채우기가 쉽지 않습니다. 아이들은 살 수 있는 것이 너무 많고 기분이 좋아져서 신나게 이것저것 사게 됩니다. 쇼핑 리스트를 다 완성한 후에는 소감을 얘기해 봅니다. 아마 많은 아이가 "과거에는 물건값이 정말 쌌다." "많이 살 수 있어서 기분이 좋았다." "부자가 된 것 같았다."라고 답할 것입니다. 이번에는 미래로 가보겠습니다.

20년 후로 시간 여행을 떠나봅시다. 20년 후 물가를 예상해보고 100만원으로
사고 싶은 물건을 골라 아래에 적어 봅시다.

순	물품 이름	현재가격 (원)	20년 후 가격?(원)	수량 (개)	금액 (원)	남은 돈 (원)
1	자전거	200,000	300,000	1	300,000	700,000
2	라디오	128,000	192,000	1	192,000	508,000
3	아이스크림	25,000	37,500	2	75,000	433,000
4	소고기(500g)	50,000	75,000	3	225,000	208,000
5	쌀(40kg)	100,000	150,000	1	150,000	58,000
...						

이제는 20년 후의 미래로 가서 쇼핑 리스트를 한 번 채워보겠습니다. 그런데 미래는 물건값을 조사할 수 없습니다. 현재 물가상승률인 2%를 20년 동안 복리로 계산하면 약 50%가 나옵니다. 그래서 현재 구매하고 싶은 물건의 가격을 조사해서 물건값에 1.5를 곱하여 적용합니다. 물론 자녀가 어린 경우에는 소수의 곱셈을 배우지 않아 계산할 수 없겠지만 그런 경우에는 스마트폰을 이용해 계산합니다. 중요한 것은 미래에도 물건값이 계속 높아지는 것을 아는 것이니까요.

20년 후는 100만 원으로 쇼핑 리스트를 채워보면 과거와 달리 금방 돈이 떨어지는 것을 경험하게 됩니다. "물건값이 너무 비싸요." "가난해진 것 같아요." "사고 싶은 것 다 못 사서 아쉬워요."라는 얘기를 듣게 될 것입니다.

이렇게 '돈가치' 활동을 통해 과거와 미래의 쇼핑 리스트 채워보기를 한 후에 자녀에게 물건값이 오르는 이유는 물건의 성능이 좋아지는 것도 있지만 돈의 가치가 떨어지기 때문이라고 설명해 줍니다. 덧붙여 만약 100만 원으로 아무것도 하지 않고 가만히 가지고 있었다면 아무 잘못도 하지 않았음에도 불구하고 시간이 우리의 돈을 빼앗아간 것과 같다는 것도 얘기해 줍니다.

이제 돈은 가만히 가지고 있는 것이 아니라 회사의 주식이나 부동산과 같은 곳에 투자를 해야 한다고 설명해 주면 투자의 이유를 이해할 수 있을 것입니다. 호기심이 많은 자녀의 경우에는 왜 회사의 주식이나 부동산에 투자하면 돈의 가치가 떨어지지 않는지 질문할 수도 있고 이 질문을 통해 대화를 이어나갈 수 있습니다. 화폐의 가치 하락뿐만 아니라 복리, 노후 대비와 같은 다른 이유도 설명해 주면 아이들의 초롱초롱한 모습을 보게 될 것입니다.

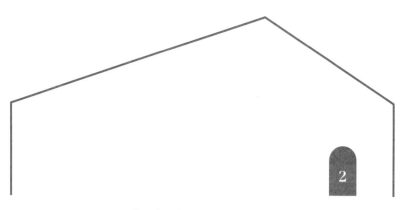

다양한 투자 방법과 위험

투자를 위해서는 투자 방법에 따라 위험도가 다르다는 것을 이해해야 합니다. 그리고 자신의 성향에 맞는 투자 방법을 선택해야 합니다. 이번 장에서는 어떤 투자 방법들이 있는지 살펴보겠습니다. 일반적으로 가장 흔하게 얘기하는 투자 방법으로는 은행 예적금, 채권, 주식, 부동산 등이 있습니다. 그 외에도 원자재, 암호화폐 등 다양한 방법들이 있지만 아이와 함께 투자에 관해 공부하기에는 이 4가지 분야면 충분할 것입니다.

이번 장에서는 4가지 투자 방법과 각 투자 별 위험도를 알아보고, 자신에게 맞는 투자 방법을 찾는 연습을 해보겠습니다.

투자 위험에 따른 투자 방법

경제학에서 자주 언급되는 믿음이 하나 있습니다. 그것은 바로 '세상에 공짜 점심은 없다.'입니다. 어느 정도 위험을 감수하고 투자를 해야 더 큰 이익을 얻을 수 있고, 반대로 위험이라는 대가를 치르지 않고 투자를 하는 경우는 그만큼 이익도 적어질 수밖에 없다는 얘기입니다.

그러면 투자 위험이라는 것은 무엇일까요? 보통 변동성을 투자 위험이라고 부릅니다. 예를 들어, 미래에 크게 성장할 것으로 기대되는 기업이 있다면 많은 사람의 관심으로 인해 주식 가격이 크게 올라갈 수 있습니다. 하지만 미래에 대한 기대가 빨리 현실로 드러나지 않으면 실망한 사람들이 많아져 주가는 크게 떨어질 수 있습니다. 이렇게 그 투자 대상의 가격이 크게 올랐다 내렸다 하는 경우 변동성이 크다 혹은 투자 위험이 크다고 합니다. 자칫 크게 올랐을 때 투자를 했다가 순식간에 떨어져 많은 돈을 잃을 수 있기 때문입니다.

앞서 제시한 4가지 투자 분야는 투자 위험이 적은 것과 큰 것으로 구분할 수 있습니다. 흔히 예적금, 채권을 투자 위험이 적은 것으로 분류하고, 주식과 부동산을 투자 위험이 큰 것으로 분류합니다. 4가지 투자 분야가 왜 투자 위험이 적은지 혹은 큰지 살펴보도록 하겠습니다.

예적금과 채권

우선 투자 위험이 적은 예적금과 채권부터 살펴보겠습니다. 예적금은 아시는 것처럼 은행에 돈을 맡기고 그 대가로 은행으로부터 소정의 이자를 받는 투자입니다. 그리고 은행은 이렇게 모집된 돈을 돈이 필요한 가계나 기업에 빌려주고 그 대가로 이자를 받음으로써 이익을 남깁니다.

은행 예적금은 굉장히 안전한 투자 방법으로 생각되고 있는데 그이유는 다음과 같습니다. 우선 예적금은 우리나라 기준으로 은행별 5천만 원까지 보호받을 수 있습니다. 다시 말해 돈을 맡긴 은행이 망해도 5천만 원까지는 보장이 된다는 것입니다. 다음으로 은행이 파산하는 일은 거의 없습니다. 은행은 우리나라 경제에 돈이 잘 순환하도록 도와주는 기관이기 때문에 은행이 망하면 나라 경제가 마비될 수 있습니다. 그래서 나라에서는 철저히 은행을 관리하고 있습니다. 행여 위기에 처하는 경우가 되면 공적자금, 즉 나랏돈을 투입해서라도 은행을 살리기 위해 노력합니다. 물론 저축은행의 경우, 파산의 가능성이 조금 더 높지만 이 경우에도 5천만 원까지는 예금자 보호가 되기 때문에 5천만 원 한도 내에서 분산해서 예적금을 하시면 안전한 투자를 할 수 있습니다.

다음으로 채권 투자에 대해 알려드리겠습니다. 채권이란 국가나 기업이 돈이 필요할 때 일정 기간 돈을 빌리고 그에 대한 대가로 이자를 지급하겠다는 약속이 기록되어 있는 증서입니다. 그래서 이 증서를 가지고 있으면 채권을 만든 국가나 기업으로부터 약속된 기간 동안 이자를 받을 수 있습니다. 그리고 약속된 기간이 끝나면 빌려준 원금도 되돌려 받을 수 있습니다.

여기까지는 이해하는 데 크게 어려움이 없을 것입니다. 하지만 실제 채권 투자는 이것보다 더 복잡합니다. 왜냐하면 채권은 약속된 기간이 되기 전에 시장에서 사고팔 수 있고 그로 인해 채권의 가격과 수익률이 계속 변하기 때문입니다.

예를 들어, A 기업이 100만 원을 빌리기 위해서 발행한 채권이 있습니다. 이 채권이 매년 10만 원의 이자를 보장해준다면 처음 이 채권을 구매한 사람은 연 10%의 수익률이 보장됩니다. 그러나 어느날 채권을 발행한 기업이 파산 위험에 놓여 원금을 보장받지 못한다는 불안감이 커지게 된다면 채권을 구매한 사람은 그 채권을 다른 사람에게 팔고 싶어질 것입니다. 하지만 그 채권을 사줄 사람은 없고, 채권의 가격은 계속해서 떨어집니다. 결국 50만 원에 거래된 채권은 50만 원을 투자해서 매년 10만 원의 이자를 받을 수 있기 때문에 투자수익률이 연 20%가 됩니다. 물론 A 기업이 더 위험해지거나 진짜 파산을 하게 되면 이자를 못 받을 수 있습니다. 그리고 채권시장에서 채권가격도 폭락하여 엄청난 손실을 볼 수도 있습니다. 반대로 다시 그 기업이 회복되고 만기까지 정상적으로 운영되면 처음 약속된 원금인 100만 원을 받을 수 있어 엄청난 이익을 볼 수도 있습니다.

이처럼 채권에 투자할 때는 약속된 이자뿐만 아니라 현재 시장에서의 채권 가격도 생각해야 하기 때문에 조금 복잡할 수 있습니다. 이렇게 복잡한 채권의 구조를 이해하기 힘드시다면 '만기수익률'만 확인해도 됩니다. 채권의 만기수익률이라는 것은 현재 내가 이 채권에 투자하는 원금에 대해서 이자수익이 어느 정도인지를 알려주는 수치입니다.

채권 전체를 통틀어 안전자산이라고 하는 것은 무리가 있습니다. 왜냐하면 채권을 만든 국가나 기업 모두가 안전하다고 말하기는 무리가 있기 때문입니다. 선진국일수록, 그리고 세계적으로 성공한 우량한 기업일수록 약속한 이자도 잘 갚고 원금도 잘 갚을 수 있지만, 개발도상국이거나 충분한 돈을 벌지 못하는 기업일수록 약속한 이자와 원금을 제때 갚지 못할 가능성이 높기 때문입니다. 그래서 안전한 선진국 국채나 우량한 회사의 회사채에 투자하는 것이 좋습니다.

채권에 직접 투자하기 위해서는 개인이 엄두도 못 낼 만큼 워낙 큰 금액이 필요하기 때문에 채권형 펀드나 ETF를 통해 투자를 할 수 있습니다.

주식과 부동산

이번에는 투자 위험이 비교적 큰 투자 방법인 주식과 부동산에 대해서 살펴보도록 하겠습니다. 주식이 투자 위험이 크다는 것은 아마도 많은 사람이 경험하거나, 주변에서 익히 들어 잘 알고 있을 거라 생각됩니다.

주식은 우량한 기업일지라도 하루에 5%씩 오르고 내리는 일이 비일비재합니다. 그만큼 변동성이 매우 큰 투자입니다. 매일 쏟아지는 다양한 경제 정보 속에서 주식 시장은 파도처럼 오르락내리락을 반복합니다. 심지어 정치적 영향까지 크게 받습니다.

수많은 사람이 참여하고 그 사람들의 심리가 뒤엉켜 출렁출렁 오르락내리락을 반복하는 주식 시장과 달리 그 기업의 진짜 가치는 큰 변동이 없습니다. 어제 주가가 올랐다가 오늘 내리는 일은 흔하지만, 어제 돈을 잘 벌던 기업이 갑자기 오늘 손실을 보는 경우는 거의 없으니까요.

장기적으로 주식 가격은 결국 그 기업의 진짜 가치를 수렴하게 됩니다. 그렇기 때문에 경영을 잘해서 돈을 잘 버는 기업을 찾고 시장의 출렁임과 주식 가격의 출렁임에 흔들리지 않고 잘 버틸 수 있을 때 주식 투자 성공 확률도 높아집니다.

부동산 투자도 투자 위험이 큰 투자 방법으로 분류됩니다. 아마 부동산 투자가 투자 위험이 크다는 말이 의아하게 들리는 분도 있을 것입니다. 왜냐하면 지난 10여 년 동안 우리나라 부동산 시장은 하락하는 시기가 거의 없이 꾸준히 상승했기 때문입니다. 주식만큼은 아니지만, 일반적으로 부동산 투자는 위험성이 높은 투자로 분류됩니다. 특히 부동산 투자가 위험성이 높다고 분류되는 가장 큰 이유는 부동산도 가격이 내려가 원금의 손실을 볼 수 있기 때문입니다. 앞서 말씀드린 예적금이나 채권(국채나 우량기업의 회사채를 만기까지 보유 시)은 원금 손실이 거의 없거나 적지만, 부동산의 경우에는 원금이 보장되어 있지 않을 뿐만 아니라 부동산 시장이 침체하는 경우 -10%, -20% 그 이상의 손실도 일어날 수 있습니다. 그래서 부동산 투자를 하기 전에는 반드시 원금 손실의 가능성을 염두에 둬야 합니다.

부동산의 가치를 판단할 때는 무엇을 신경써야 할까요? 가장 많이 얘기되는 것은 입지와 일자리입니다. 교통, 자연환경, 주위 상업 및 문화시설, 교육여건 등이 그 부동산의 가치에 큰 영향을 미친다는 것은 너무나 당연할 것입니다. 그리고 그 부동산이 속해 있는 지역에 일자리가 풍부한지, 질 좋은 일자리가 존재하는지에 따라 부동산의 가치는 영향을 받습니다. 부동산은 워낙 지역마다 특성이 다르기 때문에 투자하고자 하는 부동산별로 입지와 일자리를 잘 확인하고 판단하여 투자할 필요가 있습니다.

지금까지 투자 위험에 따라 4가지 투자 방법을 분류해봤습니다. 정리하면 다음과 같습니다.

투자 위험이 낮은 투자 방법	• 예적금 　－ 은행당 5,000만 원까지 예금 보호 　－ 은행이 위험할 때 국가에서 보호해 줌 • 채권 　－ 선진국이나 우량한 기업 채권에 투자 　－ 채권형 펀드나 ETF로 투자 가능
투자 위험이 높은 투자 방법	• 주식 　－ 경영을 잘해 돈을 꾸준히 잘 버는 기업에 투자 　－ 주식시장의 변동성을 참을 수 있어야 함 • 부동산 　－ 부동산도 원금 손실이 일어날 수 있음 　－ 입지와 일자리 여건을 확인하고 투자

나에게 맞는 투자 방법 찾기

투자 위험에 따른 투자 방법을 살펴본 이유는 기본적인 투자 방법에 대한 이해를 돕기 위한 이유도 있었지만 다른 한편으로는 자신의 성향에 맞는 투자 방법을 찾기 위함도 있습니다.

성향이 안정적인 것을 지향하는 사람이 만약 자신이 가지고 있는 자산 중 많은 부분을 투자 위험이 높은 곳에 투자한다면 매일 매일 변동하는 자산 가격을 보면서 스트레스를 받아 가며 투자를 하게 됩니다. 반대로 성향이 모험적이고 도전적인 사람이 투자 위험이 낮은 곳에 투자한다면 따분한 투자 수익에 불만족스러울 것입니다. 그래서 자신의 성향을 잘 파악하여 투자 방법을 선택하는 것이 중요합니다. 하지만 양자택일하여 극단적으로 안전한 곳에 투자하거나, 아니면 극단적으로 위험한 곳에 투자하라는 것은 아닙니다. 자신의 성향에 맞게 안전한 투자 방법의 비중이 더 높게 자산을 배분하거나 아니면 위험한 투자 방법의 비중이 더 높게 자산을 배분하는 것입니다.

아래 '투자 성향 테스트'를 통해서 자신의 투자 성향을 파악해보길 바랍니다.

투자 성향 테스트

1. 당신의 나이는 어떻게 됩니까?

① 19세 이하 (4점)   ② 20세~40세 (4점)

③ 41세~50세 (3점)   ④ 51세~60세 (2점)

⑤ 61세 이상 (1점)

2. 지금 투자하고 싶은 돈이 있다면, 그 돈은 얼마 동안 다른 곳에 사용하지 않고 투자만 할 수 있나요?

① 6개월 이내 (1점)

② 6개월 이상~1년 이내 (2점)

③ 1년 이상~2년 이내 (3점)

④ 2년 이상~3년 이내 (4점)

⑤ 3년 이상 (5점)

3. 다음 중 자신의 투자경험과 가장 가까운 것을 골라보세요.(중복 가능)

① 은행의 예·적금, 매우 안전한 채권(국채, 지방채, 보증채), MMF, CMA 등 (1점)
② 금융채, 신용도가 높은 회사채, 채권형펀드, 원금보존추구형ELS 등 (2점)
③ 신용도 중간 등급의 회사채, 원금의 일부만 보장되는 ELS, 혼합형펀드 등 (3점)
④ 신용도가 낮은 회사채, 주식, 원금이 보장되지 않는 ELS, 시장수익률 수준의 수익을 추구하는 주식형펀드 등 (4점)
⑤ ELW, 선물옵션, 시장수익률 이상의 수익을 추구하는 주식형펀드, 파생상품에 투자하는 펀드, 주식 신용거래 등 (5점)

4. 금융상품 투자에 대한 본인의 지식수준은 어느 정도라고 생각하십니까?

① [매우 낮은 수준] 투자를 어떻게 할지 스스로 내려본 결정을 해본 경험이 없음 (1점)
② [낮은 수준] 주식과 채권의 차이를 구별할 수 있는 정도임 (2점)
③ [높은 수준] 투자할 수 있는 대부분의 금융상품의 차이를 구별할 수 있음 (3점)
④ [매우 높은 수준] 금융상품을 비롯하여 모든 투자대상 상품의 차이를 이해할 수 있음 (4점)

5. 현재 투자하고자 하는 자금은 전체 금융자산(부동산 등을 제외) 중 어느 정도의 비중을 차지합니까?

(은행 자유입출금, 예적금에 돈이 있는 경우는 투자로 생각하지 않음)

① 10% 이내 (5점)
② 10% 이상~20% 이내 (4점)
③ 20% 이상~30% 이내 (3점)
④ 30% 이상~40% 이내 (2점)
⑤ 40% (1점)

6 . 당신의 수입은 현재 어떤 상태이며 앞으로 어떻게 변화될 것으로 예상되나요?

① 현재 일정한 수입이 발생하고 있으며, 향후 현재 수준을 유지하거나 증가할 것으로 예상된다. (3점)

② 현재 일정한 수입이 발생하고 있으나, 향후 감소하거나 불안정할 것으로 예상된다. (2점)

③ 현재 일정한 수입이 없으며, 연금이 주수입원이다. (1점)

7 . 만약 투자를 하였다가 원금 손실이 발생할 경우 다음 중 참고 인내할 수 있는 손실 수준은 어느 것입니까?

① 무슨 일이 있어도 투자원금은 보전되어야 한다. (-2점)
  (원금 손실이 발생할 것 같으면 절대 투자를 하지 않음)

② 10% 미만까지는 손실을 감수할 수 있을 것 같다. (2점)

③ 20% 미만까지는 손실을 감수할 수 있을 것 같다. (4점)

④ 기대수익이 높다면 위험이 높아도 상관하지 않겠다. (6점)

출처: https://terms.naver.com/entry.naver?docId=1630644&cid=42106&categoryId=42106

　

7가지 질문에 모든 답이 끝났다면 아래 문항별 점수표를 보고 계산기를 이용해 점수를 합산합니다. 다만 '3번' 문항의 경우 중복 체크하였다면 가장 높은 점수를 더하면 됩니다.

자신의 투자 성향에 맞는 투자 방법은 다음과 같습니다.

투자성향별 점수표

- ☑ 괄호 안의 점수를 모두 더하세요.(3번 질문은 가장 높은 점수만)
- ☑ 32로 나누세요.
- ☑ 100을 곱하세요.

투자성향	점 수
① 안정형	20점 이하
② 안정추구형	20점 초과~40점 이하
③ 위험중립형	40점 초과~60점 이하
④ 적극투자형	60점 초과~80점 이하
⑤ 공격투자형	80점 초과

① 안정형 : 예금이나 적금 수준의 수익률을 기대하며, 투자원금에 손실이 발생하는 것을 원하지 않는다. 원금손실의 우려가 없는 상품에 투자하는 것이 바람직하다.

② 안정추구형 : 투자원금의 손실위험은 최소화하고, 이자소득이나 배당소득 수준의 안정적인 투자를 목표로 한다. 다만 수익을 위해 짧은 기간 손실이 나는 것은 참을 수 있으며, 예·적금보다 높은 수익을 위해 자산 중의 일부를 변동성(위험성) 높은 상품에 투자할 생각이 있다. 채권형 금융상품이 적당하다.

③ 위험중립형 : 투자에는 그에 상응하는 투자위험이 있음을 충분히 인식하고 있으며, 예·적금보다 높은 수익을 기대할 수 있다면 일정 수준의 손실 위험을 감수할 수 있다. 적립식 펀드나 주식가격과 연결된 상품처럼 중위험 펀드와 같은 상품을 선택하는 것이 좋다.

④ **적극투자형** : 투자원금의 보전보다는 위험을 감내하더라도 높은 수준의 투자수익을 추구한다. 투자자금의 상당 부분을 주식, 주식형 펀드와 같은 위험자산에 투자할 마음이 있다. 국내외 주식형펀드와 원금이 보장되지 않는 주가연계증권(ELS) 등 고수익 · 고위험 상품에 투자할 수 있다.

⑤ **공격투자형** : 시장평균수익률을 훨씬 넘어서는 높은 수준의 투자수익을 추구하며, 이를 위해 자산가치의 변동에 따른 손실위험을 적극 수용할 수 있다. 투자자금 대부분을 주식, 주식형펀드 또는 파생상품 등의 위험자산에 투자할 마음이 있다. 주식 비중이 70% 이상인 고위험 펀드가 적당하고, 자산의 10% 정도는 직접투자(주식)도 고려해볼 만하다.

아래는 자녀를 위해 만든 투자 성향표입니다. 아이에게 적합한 투자 성향은 무엇인지 판단해 보고 투자 방법을 확인해 보실 수 있습니다.

자녀의 투자 성향과 투자 방법을 확인해 보세요.

안전추구형 투자 성향

1. 안전추구형 아이의 성격
   - 손해보는 것을 굉장히 싫어함
   - 다소 소심하며 불확실한 미래에 대해 걱정이 많음
   - 조심성이 뛰어나 잘 다치지 않음

2. 안전추구형 아이에게 적합한 투자 방법
   - 은행 예적금과 국채, 우량 회사채 펀드에 투자하는 것이 좋음
   - 그럼에도 적은 비율로 위험성이 있는 주식과 펀드에 투자하는 것을 추천함

중립적인 투자 성향

1. 중립적인 아이의 성격

- 안전추구형 투자 성향과 적극적인 투자 성향 둘 다 보이는 아이
- 안전추구형 투자 성향인지 적극적인 투자 성향인지 잘 판단이 서지 않는 아이

2. 중립적인 아이에게 적합한 투자 방법

- 은행 예적금과 국채, 우량 회사채 펀드에 투자하는 비중과 주식, 혹은 주가와 연동된 금융상품에 투자하는 비중을 비슷하게 가져가는 것이 좋음
- 몇 달에 한 번씩 수익을 확인하고 수익이 많이 난 부분의 자산을 반대편으로 옮기는 것을 추천함

적극적인 투자 성향

1. 적극적인 아이의 성격

- 새로운 것에 대해 호기심이 많고 새로운 것을 탐구하는 것을 좋아함
- 매사 적극적으로 참여하지만 그로 인해 다칠 때도 많음
- 앞으로 일어날 결과가 불확실해도 크게 걱정하지 않음

2. 적극적인 아이에게 적합한 투자 방법

- 주식이나 주가와 연동된 금융상품에 투자하는 것이 좋음
- 그럼에도 적은 비율로 은행 예적금과 국채, 우량 회사채 펀드에 투자하는 것을 추천함

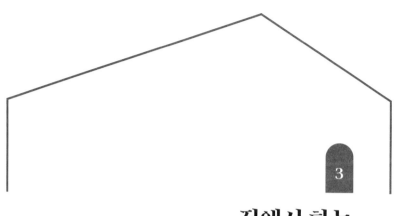

——— 집에서 하는
주식·펀드 투자

많은 지킴이가 주식투자를 하고 싶으면서도 꺼리는 가장 큰 이유는 주식 시장은 쉽사리 덤벼들었다간 돈만 잃는 무서운 세계라 생각하기 때문입니다. 하지만 우리 아이가 올바른 주식투자 방법을 익혀 성인이 되어서도 좋은 투자 성과와 여유 있는 삶을 누리길 원하실 것입니다.

그래서 이번 장은 이런 지킴이들의 바람을 담아 주식이 무엇인지, 어떤 기업에 투자해야 하는지, 그리고 안전하게 주식투자를 연습해볼 수 있는 활동을 소개할 것입니다. 소개하는 활동을 통해 아이들이 주식에 대해 바르게 이해하고, 올바른 투자 습관을 기를 수 있기를 바랍니다.

주식이란 무엇일까?

어떤 사람이 오랜 노력 끝에 아주 잘 써지는 연필을 개발했다고 해봅시다. 그러면 열심히 연구해 개발했으니까 돈을 벌어야겠죠? 그 사람은 은행에 가서 개발한 연필을 보여주고 돈을 빌려 공장을 세웁니다. 매일 연필 100자루를 만들어 팔았는데 인기가 좋아 공장의 기계를 아무리 돌려도 밀려오는 주문을 감당할 수 없습니다. 그래서 매일 연필 10,000자루를 만들어 팔기로 마음먹었습니다. 다시 은행에서 돈을 빌렸지만 10,000자루까지 만들 수 있는 시설을 갖추기에는 턱없이 부족했습니다. 돈이 부족한 그는 자신의 사업에 투자할 사람을 모으기로 하였습니다. 이렇게 하여 9명의 동업자를 찾았고 동업자들은 각각 1억씩 공장을 증설하는 데 투자하였습니다. 그리고 동업자들은 연필 회사의 주인임을 확인받고, 연필을 팔아 버는 돈을 투자한 돈에 비례해 받기를 원했습니다. 그래서 그는 9명의 동업자에게 회사의 주인임을 나타내는 증서를 주고 그 증서의 양만큼 버는 돈을 나눠주기로 약속하였습니다.

주식투자 경험이 없는 분들도 위 이야기에서와 같이 함께 투자하여 만든 회사가 바로 주식회사이고, 그 회사의 주인임을 나타내는 증서, 버는 돈을 나눠 받을 수 있는 권리를 갖는 증서가 바로 주식임을 이해했을 것입니다.

주식투자는 왜 하는 것일까요? 당연히 돈을 벌기 위해서입니다. 그러면 어떤 주식에 투자해야지 돈을 벌까요? 여기서부터 생각이 조금 복잡해집니다. 미래에 호재가 있는 기업일까요? 아니면 인기가 많은 기업일까요? 아니면 지금 엄청 싸 보이는 기업일까요? 사실 저마다 생각이 다르고 정답은 없습니다. 하지만 분명한 것은 앞서도 살펴보았듯이 주식은 그 회사의 주인임을 나타내는 권리증서이고, 주인으로서 회사의 이윤을 나눠 받을 수 있는 권리증서입니다. 결국 내가 투자한 회사가 잘 성장해서 그 회사를 소유하고 싶은 사람이 많아지고, 회사가 더 많은 돈을 벌어 주주들에게 많이 돌려줄수록 내 주식의 가치는 높아질 것입니다. 간단하게 정리하자면 주식 투자를 통해 돈을 벌 수 있는 가장 확실한 방법은 바로 꾸준히 성장하는 기업에 투자하는 것입니다. 지금부터는 아이와 함께 주식투자를 위한 꾸준히 성장하는 기업 찾기 활동을 소개하겠습니다.

계속 성장하는 기업 찾기

첫 번째 소개해드릴 활동은 '계속 성장하는 기업 찾기'입니다. 처음부터 아이와 계속 성장하는 기업을 찾아보자라고 하면 아이와 지킴이 모두 막막하니까 아래 제시하는 기업을 가지고 먼저 연습을 해보겠습니다.

LG전자

출처 : 매경이코노미 제2011호
(2019.06.05~2019.06.11일자) 기사

LG전자 가전이 글로벌 1위 미국 월풀을 턱밑까지 쫓아갔다. 에어컨·세탁기·냉장고 등 전통의 '백색가전' 뿐 아니라 공기청정기·건조기·의류관리기 등 新가전이 승승장구한 덕분이다. 조성진 LG전자 부회장이 "글로벌 가전 1위로 도전해볼 만하다"고 말한 지 4년 만에 '사상 첫 1위'로 올라설 수 있을지 초미의 관심사다. LG전자의 성공 키워드는 주도적인 R&D(연구개발), 프리미엄 브랜드, 내구성 좋은 부품으로 요약된다.

특히 LG전자는 가전의 판을 바꾸며 맥킨지가 틀렸다는 점을 입증했다. 미세먼지용 공기청정기, 외출복 보관용 스타일러, 피부관리기 프라엘 등 전례 없는 新가전 성공 사례를 만들어냈다. 또한 인테리어로 손색없는 세련된 디자인으로 호평받았다.

모나미

출처 : 플라텀 2017. 10. 10 외부기고 기사

모나미의 제품이 유명해지자, 모나미와 생김새만 같고 품질은 조악한 유사품들이 넘쳤다. 자칫 미투제품들에 의해 시장 자체가 사장될 수 있던 위기 순간이었다. 그때 모나미는 정면대응을 선택하고 소비자의 신뢰를 얻기 위해 적극적인 평판 관리에 들어갔다. "제대로 써지지 않는 짝퉁 제품에 화가 나서 밟아 버렸다"는 지금 보더라도 상당히 터프한 광고를 집행했고, 자체적으로 짝퉁 단속반을 운영하는 등 공격적인 방어 전략을 펼치면서 오히려 품질은 모나미가 역시 최고라는 이미지를 각인시키게 된 계기가 되었다.

1km 달하는 자체 품질 테스트부터 볼펜의 팁을 확대해 정밀하게 기능성을 분석하는 테스트 등 모나미가 소비자 신뢰를 확보할 수 있었던 건 품질이 기본적으로 받쳐주었기 때문이다.

APPLE

애플의 성공 비결은 창의와 혁신. 애플은 2001년 직관적 작동 방식의 MP3플레이어 아이팟과 2003년 온라인 음악서비스 아이튠즈, 그리고 2007년 혁신적인 디자인을 장착한 스마트폰 아이폰 등으로 세계를 경악시키며 제품 시장을 석권했다. 아이패드 역시 '최고의 제품'이라는 호평을 받으며 최근 300만대 판매를 돌파했다.

출처 : 서울신문 2010. 07. 16 기사

디자인과 사용 편의성이라는 애플의 철학 역시 성공의 밑바탕이다. 전 세계 많은 고객들이 '애플은 다르다.'면서 신제품이 나올 때마다 AS 측면에서 최악인 애플 매장에 길게 줄을 서는 이유다.

새우깡

장수 과자들의 인기 비결은 '익숙함'이다. 이들 제품이 오래된 포장에 큰 변화를 주지 않고 맛을 바꾸지 않는 이유가 여기에 있다.

한 과자업체 관계자는 "과자와 아이스크림 광고는 이미 고유명사가 '스테디셀러' 중심으로 진행되는 경우가 많다"며 "매출을 늘리기 위한 것이 아니라 소비자들이 잊지 않도록 지속적인 브랜드 연상을 돕기 위한 것"이라고 말했다.

잘되는 브랜드는 마케팅에 대한 투자를 중단하지 않는다. 새 제품을 내놓고 성공시키기보다 이런 방식이 더 안전하다.

이 때문에 신제품 역시 기존 장수 브랜드를 활용하는 경우가 많다. 가령 새우깡에서 쌀새우깡이나 매운 새우깡이, 홈런볼에서 홈런볼슈(안에 초콜릿 대신 생크림을 넣은 것)가, 빼빼로에서 아몬드빼빼로, 누드빼빼로가 나오는 식이다.

출처 : 경향비즈 2011.11. 21 기사

저는 우리에게 익숙한 물건을 만드는 기업 4개를 골라보았습니다. LG전자, 모나미, 애플, 농심입니다. 일단 자녀와 함께 위의 내용을 읽어보시길 바랍니다. 아! 여기서 팁을 드리자면 다짜고짜 읽으라고 하면 자녀들은 강제적인 느낌이 들어 공부하는 것 같은 느낌을 받을 수 있습니다. 그래서 읽기 전에 왜 알아보는지 짧게 설명해 주면 좋습니다.

👩 지난번에 아빠랑 돈의 가치가 어떻게 되는지 알아본 거 기억나?

👧 응, 당연히 기억나지!!

👩 어떤 거 기억나?

👧 그때 옛날에는 물건값이 엄청 쌌는데 계속 엄청 비싸졌잖아. 그래서 100만 원으로 옛날에는 차도 살 수 있었는데 지금은 100만 원으로 살 수 있는 게 별로 없었잖아!

👩 오~ 잘 기억하고 있네. 그래서 아빠가 돈은 시간이 지날수록 점점 가치를 잃어버리기 때문에 무엇을 해야 한다고 했는지 기억나?

👧 그래서 아빠가 투자해야 한다고 했잖아.

👩 맞아, 돈을 그냥 가만히 들고 있으면 아이스크림처럼 녹아내리니까 그 돈으로 녹지 않는 것을 사야 된다고 했지? 심지어는 잘 투자하면 내 돈의 가치가 사라지는게 아니라 더 올라가기도 해!

👧 그래? 그건 못 들어서 잘 모르겠는데?

👵 그러면 아빠랑 오늘은 어떻게 하면 소중한 내 돈이 녹아내리지 않고, 내 돈의 가치가 높아질 수 있는지 알아보는 거 어때?

👧 좋아. 빨리 가르쳐줘.

👨 우리 딸 제페토 게임 좋아하지?

👧 응.

👨 제페토 같은 게임을 만드는 회사는 게임을 하는 사람들로부터 돈을 버는데, 우리가 그 회사의 주인이 되면 그 기업이 번 돈을 나눠가질 수 있어.

👧 정말? 그러면 내가 제페토에서 쓰는 돈이 다시 나한테 들어오는 거네?

👨 맞아. 물론 제페토를 만드는 회사를 통째로 다 사려면 가진 돈으로는 불가능하지만 주식이라는 것이 있어서 아주 작은 부분이라도 그 회사의 주인이 될 수 있어.

👧 어떻게?

👨 그러면 아빠랑 우선 제페토를 만든 회사부터 찾아보자.

👧 검색해보니까 제페토는 네이버에서 만들었네. 그러면 네이버 주식이 얼마인지 한 번 찾아볼게.

👧 네이버 증권에서 네이버라고 검색해보니까 38만원이라고 나오네.

👧 나 은행 통장에 50만원 있는데 그러면 50만원치 살 수 있어?

👨 현재 주식 가격이 38만 원이라는 말은 네이버 주식 1개가 38만

원이라는 뜻이야. 그래서 38만 원으로 1개만 살 수 있어.

🧒 응, 알겠어. 그러면 지금 사자.

🧒 그런데 네이버가 앞으로도 계속 돈을 잘 벌어서, 주주들한테 돈을 벌어줄지는 잘 모르겠어. 그래서 네이버 말고도 다른 기업도 찾아보고 나서 그중에서 가장 좋은 걸로 고르는 건 어때?

아이와 대화를 통해 주식투자를 왜 해야 하는지, 앞으로 어떤 것을 하려는지 설명이 끝난 후 소개해 드린 기업을 살펴봅니다. 살펴본 후에는 다음 활동지를 작성합니다.

활동 3-2-①: 부록 p.50

지난 10년 동안 꾸준히 성장한 기업 혹은 제품에 대한 자료를 보고 꾸준히 성장하기 위한 조건을 생각해 봅시다.

기업 혹은 제품	오랫동안 성공한 비결
LG전자	연구개발, 신제품, 예쁜 디자인, 품질
모나미	광고, 품질, 싼 가격, 소비자 신뢰
애플	창의, 혁신, 디자인, 사용 편의성
새우깡	익숙함, 마케팅 비용

이렇게 주변의 기업과 제품을 살펴보는 이유는 주식투자 관점에서 주변을 유심히 관찰하는 태도를 길러줄 수 있습니다. 참고로 제 딸 같은 경우는 '제페토'라는 게임을 좋아하는데 이 '제페토'라는 앱이 네이

버의 자회사인 'Snow'에서 만든 것임을 조사로 알아낸 후 네이버 주식을 2주 산 적이 있습니다.

아이들은 이제 활동지 '오랫동안 성공한 비결'을 정리하면서 좋은 기업, 좋은 제품의 기준을 조금씩 찾아가게 됩니다. 좋은 기업이 되고, 좋은 제품을 만들기 위해서는 열심히 연구개발을 해야 합니다. 그런 연구개발을 바탕으로 품질 좋은 제품을 만들 수 있으며, 다른 제품과 차별화된 디자인으로 소비자의 마음을 살 수도 있습니다. 또한 마케팅, 광고에 대한 노력을 통해 소비자의 마음을 살 수 있습니다. 개인적으로는 소비자의 마음을 얼마나 잘 사로잡고 있는지가 가장 중요한 성공 비결이라 생각합니다.

이렇게 활동지를 바탕으로 좋은 기업, 좋은 제품의 비결을 생각해 봤다면 주변의 또 다른 기업도 함께 찾아봅니다.

활동 3-2-③ : 부록 p.51

내 주변의 성공적인 기업과 제품 사례를 생각해 보고 발표해 봅시다.

기업 혹은 제품	오랫동안 성공한 비결
카카오톡	엄청나게 편함, 전 국민이 사용하고 있음, 캐릭터가 귀여움, 계속 좋은 서비스를 제공함

잘 찾아보셨나요? 저와 딸은 카카오톡으로 골랐습니다. 익숙하기도 하고 새로운 시대에 부합하는 플랫폼 기업이라서 넣어보았습니다. 저와 딸이 생각한 카카오톡의 성공비결은 정말 사용이 편하다는 것,

그래서 전 국민이 사용하고 있다는 것, 귀여운 캐릭터로 사용자의 사랑을 많이 받는 것, 업데이트가 꾸준히 되면서 좋은 서비스를 끊임없이 제공한다는 것입니다.

이렇게 대화하며 세상을 알아간다면 자녀들의 기업, 주식에 대한 관심이 높아집니다. 또한 좋은 기업, 좋은 제품에 대한 자기 나름의 기준도 생겼을 것입니다.

우리집 물건들로 펀드 만들기

이번에는 주식 투자에서 한발 더 나아가 우리집에서 쓰는 생활용품, 가전 등 각종 재화나 서비스를 활용하여 펀드를 만들어보겠습니다. 생각해보면 우리가 사용하는 재화나 서비스는 기업이 만들었을 것이며, 우리집이 특별히 다른 가정에 비해서 돈이 많거나 적지 않는 이상 일반적인 중산층 가정이 쓰는 물건들을 대표한다고 생각해도 될 것입니다. 물론 다른 집도 조사를 해보거나, 시장 조사 업체들의 보고서를 찾아보면 더 신빙성 있겠지만 간단하게 우리집 생활용품에 초점을 맞추어 펀드를 만들어보겠습니다.

우리집 물건들로 펀드를 만들기 위해서는 제일 먼저 조사 활동을 해야 합니다. 우리집에서 쓰는 재화와 서비스를 다음의 표와 같이 적어보면 됩니다.

👩 아빠랑 같이 우리집 펀드 한번 만들어볼래?

👧 펀드가 뭐야?

👩 펀드는 좋은 기업들의 주식을 모아놓은 선물세트 같은 거야.

👧 우와! 그러면 그거 하나만 사면 여러 기업을 한꺼번에 사는 거네?

👩 그렇지. 펀드 하나를 사면 여러 기업을 한꺼번에 살 수 있는 거지. 이렇게 우리 대신 주식 전문가들이 펀드를 만들어 줘서 우리는 대가를 지불해야 돼.

👧 역시 세상에 공짜는 없네.

👩 당연하지. 그렇지만 대가를 지불하는 대신 우리가 여러 기업을 일일이 공부하고 따로 투자하는 시간과 노력을 아낄 수 있으니까 잘 활용하면 좋아.

👧 응, 알겠어. 그러면 우리집 펀드는 어떻게 만드는 거야? 우리는 전문가도 아닌데?

👩 그렇지, 우리는 전문가가 아니지. 전문가만큼 많은 기업을 공부하기도 어렵고 직접 투자하기도 어렵지만, 그래도 우리 능력에 맞게 펀드를 만들어 볼 수 있어. 그리고 재미있기도 하고.

👧 응, 그러면 일단 해볼게.

👩 좋아. 우리집 펀드 만들기를 하려면 우선 우리 가족이 어떤 재화나 서비스를 쓰고 있는지 조사를 해봐야 해.

👧 근데 재화랑 서비스가 뭐야?

👩 아! 그러면 아빠가 재화와 서비스가 뭔지부터 설명해줄게. 지

금 가지고 있는 휴대폰처럼 어떤 기업이 사람들을 위해서 만든 제품인데 우리가 직접 만질 수 있고 쓸 수 있는 것들을 재화라고 해.

TV나 컴퓨터도 재화겠네?

그렇지! 그것 말고도 옷, 연필, 자동차, 이불 같이 우리가 돈을 주고 산 만질 수 있는 물건들이 다 재화라고 생각하면 돼.

응, 알았어.

그런데 서비스는 반대로 우리가 돈을 주고 구매해서 쓰긴 하는데 만질 수 없는 것들이야. 우리집에 그런 것들이 뭐가 있을까?

돈을 주고 샀는데 만질 수 없는 것… 잘 모르겠어.

우리가 물건을 사게 되면 택배 아저씨가 배달해주지? 배달된 물건은 손으로 만질 수 있지만 택배 아저씨가 물건을 배달해주는 건 택배비를 지불하고 아저씨의 시간과 노력을 산 거야. 그래서 배달은 서비스라고 할 수 있지. 그리고 또 휴대폰이랑 컴퓨터로 인터넷을 하잖아? 분명 아빠는 매달 인터넷 비용을 내고 있는데 사실 인터넷이라는 건 물건처럼 존재하는 게 아니잖아? 그러니 인터넷도 서비스라고 할 수 있어.

그러면 TV도 서비스야?

응, TV라는 물건은 재화인데 TV를 통해서 나오는 방송은 서비스야.

그러면 TV 보는 거 돈을 따로 내?

그럼, 케이블TV라고 해서 서비스 비용을 매달 내고 있어. 그것 말고도 인터넷으로 보는 넷플릭스도 엄마가 매달 따로 돈을 내고 있어.

응, 이제 이해했어.

그러면 아빠랑 같이 우리집은 어떤 재화나 서비스를 사용하고 있는지 조사해보자.

활동 3-3-① : 부록 p.52

재화나 서비스 이름	만든 기업	만족도
삼성 OLED TV	삼성전자	○○○○○○○○○○
LG 트롬 세탁기	LG전자	○○○○○○○○○○
쏘렌토R	기아차	○○○○○○○○○○
KT 기가 인터넷	KT	○○○○○○○○○○
쿠팡 배달 서비스	쿠팡	○○○○○○○○○○
SPAO	이랜드패션	○○○○○○○○○○
테크(세제)	LG생활건강	○○○○○○○○○○
넷플릭스	넷플릭스	○○○○○○○○○○
나이키 신발	NIKE	○○○○○○○○○○

아이와 함께 우리집에서 사용하는 재화와 서비스를 적었다면 그것을 만든 기업을 찾아보고, 그 재화나 서비스에 대한 만족도 평가를

합니다. 만족도 평가는 가격, 품질 등 몇 가지 기준에 따라 10점 만점으로 합니다.

최대한 많이 우리집에서 사용하는 재화와 서비스를 기록했다면 다음 단계로 이 중에서 투자할 만큼의 가치가 있는 기업을 선정해 봅니다. 물론 전문가라면 다양한 기준에 따라서 양적, 질적으로 평가를 할 수 있겠지만 아이들은 쉽지 않기 때문에 선정 이유의 합리성과 타당성에 초점을 맞춥니다.

활동 3-3-② : 부록 p.53

펀드에 담을 기업	선정한 이유
삼성전자	TV, 컴퓨터, 스마트폰 등의 전자제품을 만들고 품질이 매우 좋음. 기업의 이미지가 좋음
LG생활건강	우리집에서 쓰는 생활용품 중에서 LG생활건강이 엄청 많음. 엄마말에 의하면 가성비와 품질이 좋다고 함
LG전자	TV, 냉장고, 세탁기를 잘 만듦. 특히 이쁘고 튼튼하게 잘 만듦
넷플릭스	작년부터 우리 가족들이 많이 봄. 빔으로 보면 마치 영화관처럼 생생하게 볼 수 있음. 정말 많은 양의 영화와 애니메이션이 있음
나이키	우리 가족도 그렇고 친구들도 그렇고 나이키 신발을 신는 사람이 많음. 나이키 신발 좋다고 얘기하는 사람들이 많음

이렇게 펀드에 담을 기업을 선정한 다음 펀드 투자금액을 얼마로 할지, 그리고 각 기업에 대한 투자금은 얼마로 할지 정하면 됩니다. 하지만 지금 하는 활동은 교육적 활동이지 실제 투자 활동은 아니므

로 투자 금액을 가상으로 정하거나 아이들이 모은 홈페이로 정합니다. 물론 우리집 펀드 만들기 활동 후에는 자신감이 조금 올라간다면 실제 투자를 해보는 것도 좋을 것입니다.

제 딸과 저는 펀드 투자 금액을 가상으로 1,000만 원을 정했습니다. 물론 1,000만원이라는 시드 머니는 제 딸이 평소 가져보지 못한 큰 금액입니다. 하지만 평소 가져보지 못한, 투자하기 힘든 큰 금액을 가상으로 투자해봄으로써 높은 수익과 손실을 경험할 수 있도록 큰 금액으로 정했습니다. 비록 가상이지만 이런 큰 금액으로 투자해봄으로써 투자라는 것은 언제든지 큰 손실을 입을 수도 있고, 그렇기 때문에 조심스럽게 해야 하고, 열심히 공부해야한다는 것을 깨닫게 해주고 싶었습니다.

펀드 투자금을 정한 다음에는 선정한 기업에 얼마씩 투자금을 배분할지 결정합니다. 이때도 왜 그렇게 투자하기로 결정했는지 이유를 적어두어야 합니다. 기록으로 남겨두면 시간이 흘러 펀드 투자 결과를 확인할 때 왜 수익이 났는지 혹은 왜 손실이 났는지 점검할 수 있는 근거로 사용할 수 있습니다.

이제 활동의 마지막 단계로 펀드의 이름을 정해봅니다. 일기 제목을 쓰듯 자유롭게 정할 수도 있지만 실제 펀드의 이름을 정하는 방식으로 따라 해보는 것이 좋습니다. 펀드 이름에 담긴 의미는 복잡하긴

하지만 간략하게 설명하면 다음과 같습니다.

예를 들어, '신한코리아가치성장증권자투자신탁[주식](종류S)'라는 펀드를 의미별로 뜯어보면 '신한 + 코리아가치성장 + 증권 + 자 + 투자신탁 + [주식] + (종류S)'가 됩니다. '신한'은 펀드 상품을 만든 자산운용회사의 이름입니다. 그리고 '코리아가치성장'은 투자전략이라고 할 수 있는데 쉽게 말해 어떤 곳에 투자하겠다를 밝히는 것입니다. 이 펀드가 가지는 가장 핵심 의미입니다. '증권'은 어떤 자산에 투자하는지를 나타내는 것인데 증권은 주식증서나 채권증서를 말하는 것이고 증권 외에도 부동산, MMF 등 다양한 자산이 있을 수 있습니다. '자'는 한자로 '아들 자(子)'를 의미하는데 엄마 펀드가 있다는 뜻입니다. 일반적으로 아들 펀드 여러 개를 모아서 하나의 엄마 펀드를 운용하는 경우가 많습니다. 다음으로 '투자신탁'은 펀드의 법적인 형태를 나타내는 용어입니다. '투자신탁'은 투자를 위해 어떤 금융회사가 고객을 모으고 돈을 모은 후 이 돈을 전문 투자회사에 신탁하여 투자하는 형태입니다. 다음 '주식'은 말 그대로 주식에 많이 투자하는 펀드에 붙는 단어인데 60% 이상 주식에 투자할 때 붙일 수 있습니다. 마지막으로 '종류S'는 각종 수수료의 형태를 나타내는 용어인데 종류가 많고 복잡하기 때문에 여기서는 따로 설명하지는 않겠습니다.

운용회사+투자지역/섹터/전략+자산종류+모자구분+법적성격+호수+주운용자산+수수료구조

아이가 잘 이해하여 위의 방식으로 펀드 이름을 정하면 좋겠지만 아이에게 설명하기도 쉽지 않고, 활동이 지겨워질 수 있습니다. 그러므로 아이가 이해할 수준 정도까지만 펀드 이름으로 정하면 됩니다. 추천하는 방법은 순서대로 세 가지 항목을 넣어 펀드 이름을 짓는 것입니다. 저는 '00이네＋생활용품＋증권' 펀드라고 이름을 지었습니다.

활동 3-3-③ : 부록 p.54

펀드이름	00이네 생활용품 증권 펀드		
전체 투자금액	1,000만 원	펀드설립일	2021년 3월 5일
투자순위	기업 이름	투자금액	그렇게 투자하기로 한 이유
1	삼성전자	400만 원	5개 기업 중에서 가장 돈을 잘 벌고 있고 앞으로도 잘 벌 것 같음
2	넷플릭스	300만 원	최근에 넷플릭스 보는 사람이 많이 늘었는데 앞으로도 계속 많이 봐서 돈을 많이 벌 것 같음
3	LG생활건강	200만 원	우리집 곳곳에 LG생활건강의 제품이 많이 있음. 꾸준히 돈을 잘 벌 것 같음
4	LG전자	50만 원	전자제품을 잘 만들지만 전자제품 말고는 특별히 좋은게 안보임
5	나이키	50만 원	신발을 잘 만들고 이미지가 좋지만 그 이상은 잘 모르겠음

위의 표를 보고 '각 기업의 주가가 투자금액과 꼭 맞지 않을 텐데 어떻게 하나요?', '미국 기업은 달러일 텐데 그런 경우는 어떻게 하나요?' 등 의문을 가지는 지킴이도 있을 것입니다. 그러나 우리가 하려는 것은 실제 주가보다는 최초 펀드 설립 때와 비교해 주가가 몇 퍼센트 올랐는지 혹은 몇 퍼센트 떨어졌는지를 확인하는 것입니다. 자세한 내용은 아래 표에서 설명하겠습니다.

활동 3-3-④ : 부록 p.54

기업	투자금 (21.3.5)	주가 등락률 (21.6.5)	투자금 (21.6.5)	주가 등락률 (21.9.5)	투자금 (21.9.5)
삼성전자	400만원	12.5%	450만 원	-9.8%	405.9만 원
넷플릭스	300만원	-8.4%	274.8만 원	3.5%	284.42만 원
LG생활건강	200만원	18.7%	237.4만 원	4%	246.9만 원
LG전자	50만원	11%	55.5만 원	1.24%	56.19만 원
나이키	50만원	30.9%	65.45만 원	-12%	57.6만 원
전체 수익률	1000만원	8.32%	1083.1만 원	-2.97%	1051.01 만 원

*주가 상승률은 시점과 종점의 주가를 비교하여 계산합니다.
*계산의 편의를 위해서 모든 계산은 반올림하여 소수점 둘째 자리까지 나타냈습니다.

보시는 것처럼 펀드 성과를 기록할 때에는 해당 기간의 주가 등락률만 기록하면 됩니다. 저의 경우에는 3개월마다 주가 등락률을 기록했습니다. 예를 들어 21년 6월 5일 삼성전자의 주가 등락률은 3월 5일 마감장 주가 대비 6월 5일 마감장 주가를 비교하여 기록하였습니다. 그리고 3월 5일 삼성전자에 투자한 400만 원을 해당 기간의 주가 등락률 12.5%를 계산하여 6월 5일 투자금에 적었습니다.

이렇게 각 기업별로 투자금의 변동을 일정 기간마다 기록함과 동시에 그래프로 만듭니다. 그래프로 만들면 표보다 훨씬 파악하기 쉽고 아이들도 변화하는 그래프를 보며 관심을 두게 됩니다. 이렇게 그래프를 함께 보면서 투자 결과에 대해 토의를 해보는 것으로 '우리집 펀드 만들기' 활동이 끝이 납니다.

| 각 기업별 투자금과 전체 투자금 변동 그래프

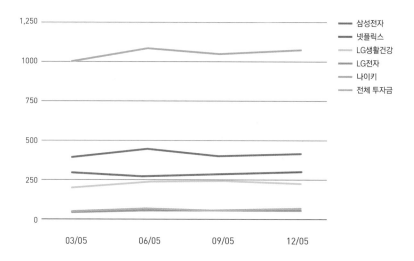

펀드 결과에 대해서 생각해봅시다.	삼성전자가 돈을 잘 벌 것 같아서 주가도 제일 많이 오를 것 같았는데 별로 오르지 않았다. 대신 LG생활건강이 가장 많이 올랐다. 주가는 내 생각대로 되지 않는 것 같다.
우리집 펀드 만들기 활동 후 느낀점을 적어봅시다.	펀드라는 걸 처음 알게 되었는데 우리집에서 쓰는 물건들로 펀드를 만드니까 어렵지 않았다.
우리집 펀드 만들기 활동 후 알게된 점을 적어봅시다.	펀드라는 것을 처음으로 알게 되었고 펀드라는게 어떻게 만들어지는지 알게 되었다.

주제가 있는 펀드 만들기

우리집 펀드 만들기 활동 어떠셨나요? 조금 어렵고 번거롭긴 해도 즐겁게 활동에 참여하셨길 바랍니다. 지금부터는 욕심을 조금 더해 우리집에서 벗어난 '주제가 있는 펀드 만들기'를 해보도록 하겠습니다.

기본적으로 '주제가 있는 펀드 만들기(간략하게 주제 펀드라고 부르겠습니다.)'는 '우리집 펀드 만들기(우리집 펀드)'와 다르지 않습니다. 지킴이가 아이와 함께 펀드에 들어갈 기업들을 찾아보고, 전체 투자 금액 내에서 각 기업에 얼마의 돈을 투자할지 결정하면 됩니다. 그리고 정기적으로 투자 성과를 기록하면 됩니다. 두 펀드의 결정적인 차이점은 우리집에서 벗어나 다양한 주제로 기업을 찾아본다는 것, 이 과정을 통해 다양한 산업과 기업에 대해서 알게 된다는 것입니다.

먼저 해야 할 일은 주제를 정하는 것입니다. 아이 수준에 맞게 게임 관련 기업을 주제로 정할 수도 있고, 학용품이나 장난감을 정할 수도 있고, 의류를 주제로 정할 수도 있습니다. 하지만 이왕 우리집을 벗어난 김에 조금 더 넓은 세상을 볼 수 있도록 새로운 시대 변화와 관련된 주제를 고르는 것도 나쁘지 않다고 생각합니다. 전기차, 신재생에너지, 헬스케어, IT 플랫폼 기업 등 요즘 주식시장에서 높은 관심을 받는 주제 중에서 고르는 것입니다. 워낙 높은 관심을 받고 있다 보니 조금의 노력으로도 정보를 찾고 공부할 수 있어 아주 어렵지 않습니다.

저는 '지구온난화'를 주제로 정하였습니다. 먼저 펀드를 만들기 전에 지구온난화가 얼마나 심각한지 유튜브의 영상을 통해 활동에 대한 동기를 유발했습니다. 그리고 지구온난화를 막기 위한 방법으로써 탄소배출을 줄일 수 있는 기술, 제품과 관련된 기업들을 찾아보았습니다.

🧑‍🦰 딸, 지구온난화 영상 보니까 어때?

👧 영상 보니까 무서워. 내가 어른이 되었을 때 지구온난화 때문에 지구가 살 수 없는 곳이 되면 어떡해?

🧑‍🦰 그렇지? 걱정되지? 아빠도 지구온난화가 이렇게 심각한 줄 몰랐는데 이렇게 심각한 걸 알게 되어서 많이 걱정되더라. 그러면 우리가 지구온난화를 막기 위해 어떤 일을 할 수 있을까?

👧 음, 일단 자동차에서 이산화탄소가 많이 나오니까 대중교통을

많이 이용해야 할 거고, 또 우리가 쓰는 물건을 만들기 위해서는 이산화탄소를 많이 발생시키니까 물건을 아껴 사용해야 할 것 같아. 그리고 이산화탄소를 줄이기 위해 노력하는 기업에 투자하는 것도 좋은 방법일 것 같아.

오~! 그럼, 그런 기업에 투자하면 왜 지구온난화를 막을 수 있을까? 이산화탄소를 줄일 수 있는 기술을 가진 기업에 투자하면 기업은 그 돈으로 더 많이 연구해서 더 좋은 기술을 개발할 수도 있고 이산화탄소를 줄이거나 적게 만드는 제품을 사람들에게 더 많이 팔 수도 있잖아.

그러면 그런 기업에 투자하면 좋은 거네.

그렇지. 그러면 지난 번에 아빠랑 우리집 펀드 만들기 한 것처럼 지구온난화를 막는 데 도움이 되는 기업들을 찾아서 펀드 만들어보는 건 어때?

좋아. 어떻게 하면 돼?

우선 어떤 기업들이 있는지부터 찾아보자.

네이버나 구글과 같은 포털 사이트에서 '지구온난화 관련주'라고 검색하면 제일 먼저 탄소배출권 관련주가 나옵니다. 우리나라에서는 한솔홈데코, KC코트렐, 후성, 에코프로 등이 관련된 기업으로 많이 소개됩니다. 탄소배출권 관련주만으로 주제 펀드를 채워도 되겠지만, 비슷한 테마를 가진 기업끼리는 주가의 변동도 비슷하기 때문에 자칫 관련 테마가 시장의 관심에서 멀어지면 다 같이 소외되고 주가가 많이 내려가는 경우가 생깁니다. 그래서 작은 주제 혹은 테마에 너무 집중하는 것은 좋지 않습니다.

🧑 지구온난화 관련 기업이라고 검색하니까 한솔홈데코, KC코트렐, 후성, 에코프로 같은 기업들이 나오네. 그런데 비슷한 방법으로 돈을 버는 기업끼리는 서로 주가도 비슷하게 움직이기 때문에 혹시 사람들이 별 관심이 없어진다면 다 같이 떨어질 수도 있으니까 다른 쪽으로도 찾아보는 건 어때?

🧑 좋아. 그런데 다른 쪽은 뭐가 있어?

🧑 지구온난화와 관련된 기업은 많이 있지만 그중에서 신재생에너지나 전기차와 관련된 기업을 찾아보고 펀드에 넣으면 좋을 것 같아.

🧑 그런데 신재생에너지랑 전기차가 뭐야?

🧑 신재생에너지는 전기 같은 에너지를 만들 때 이산화탄소와 같이 지구 환경을 파괴하는 물질을 만들지 않는 에너지를 말해. 태양에너지나 풍력에너지 같은 게 신재생에너지야. 그리고 우리가 지금 타고 다니는 자동차는 석유를 사용해 이산화탄소가 많이 발생하는데 전기차는 석유를 쓰지 않고 자동차에 큰 건전지(배터리)를 넣어서 그 전기에너지로 자동차가 달릴 수 있게 만든 거야. 그래서 이산화탄소가 전혀 들어가지 않아.

우와, 그러면 신재생에너지랑 전기차를 많이 사용하게 되면 지구온난화를 막을 수 있겠다.

그렇지, 그래서 우리나라뿐만 아니라 미국, 유럽, 중국, 일본 같은 많은 나라에서 신재생에너지를 더 많이 쓰고, 전기차를 더 많이 쓰려고 노력하고 있어.

사실 주제 펀드를 만들기 위해 조사할 때는 아이보다 지킴이의 노력이 많이 필요합니다. 아이가 직접 주제에 맞게 기업을 찾고 그 기업이 어떤 사업을 하고 있는지 이해하기란 쉽지 않습니다. 그래서 지킴이가 어떤 주제에 대해서 펀드를 만들지 아이와 얘기할 때도 이전과는 달리 조금 더 적극적으로 끌어주고, 기업을 조사할 때에도 미리 조사해서 아이에게 어느 정도 정리된 내용을 제시하는 것이 좋습니다. 그렇지 않고 아이에게 너무 많은 역할을 맡기면 수준 높은 과제에 금세 흥미가 떨어질 수도 있습니다.

활동 3-4-① : 부록 p.56

큰 주제	지구 온난화를 막기 위한 제품을 만드는 기업	
작은 주제	기업	기업 설명
탄소배출권 관련 기업	한솔홈데코	뉴질랜드 조림사업에 진출하여 탄소배출권을 확보하고, 탄소배출권을 빌려주면서 돈을 벌고 있습니다.

탄소배출권 관련 기업	후성	반도체 등을 생산하는데 꼭 필요한 특수 가스를 생산하는 기업입니다. 특히 공장에서 발생하는 온실가스를 줄이기 위한 장치를 설치하는데 노력하고 있습니다.
	에코프로	유해가스, 온실가스를 줄이는 장치를 만드는 기업이며 전기차 배터리와도 관련이 있는 기업입니다.
신재생에너지 관련 기업	두산중공업	전기를 발생시키는 발전기를 만들며 세계적으로도 인정받는 기술력을 가지고 있습니다. 신재생에너지와 관련해서도 풍력 발전기와 생산한 전기를 저장할 수 있는 장치를 만들고 있습니다.
	씨에스윈드	풍력 발전기의 길고 큰 기둥 부분(풍력타워)을 전문적으로 만드는 기업입니다. 풍력타워 세계 1위 기업입니다.
	OCI	태양광판을 만들기 위해 꼭 필요한 폴리실리콘을 만들고 있는 업체입니다. 그동안은 전세계 폴리실리콘 가격이 계속 떨어져서 회사가 많이 힘들었는데 최근 가격이 다시 오르고 있어 숨통이 트이고 있습니다.
전기차 관련 기업	현대차	세계적인 전기차, 수소전기차 생산 기술을 가지고 있습니다. 오랫동안 전기차를 연구해와서 기술력이 좋습니다. 테슬라에 뒤지지만 현재 전세계적으로 손가락에 꼽힐 정도로 전기차를 많이 팔고 있습니다.

| 전기차 관련 기업 | LG화학 | 전기차에 꼭 필요한 건전지(배터리)를 생산하는 기업입니다. 세계적으로도 최고 수준의 기술을 가지고 있고 판매량도 최고 수준입니다. |
| | 테슬라 | 현재 전세계 1위 전기차 판매 업체입니다. 전기차 뿐만 아니라 자율주행차 기술도 현재 세계 최고로 인정받고 있습니다. |

　　지킴이가 조사한 내용을 아이와 함께 살펴보면서 마음에 드는 기업을 선정합니다. 조사한 내용에서 아이가 모르는 내용은 차근차근 설명해 줍니다. 새롭게 알게 되는 조사자료는 좋은 경제교육이 될 것입니다.

　　아래는 제가 딸과 함께 선정한 기업입니다.

활동 3-4-② : 부록 p.56

펀드에 담을 기업	선정한 이유
에코프로	탄소배출권 관련 기업 중에서 기업의 가치가 조금 큰 편이지만 다른 기업에 비해 안정적일 것 같음
두산중공업	세계적인 발전기 기업이고 신재생에너지와 관련된 사업도 잘하고 있는 것 같음
씨에스윈드	풍력 타워가 계속 세워질 것 같고 전세계 1위 풍력타워 기업이라서 앞으로도 꾸준히 돈을 잘 벌 것 같음

현대차	테슬라가 전기차를 잘 만들긴 하지만 현대차도 잘 만드는 것 같고, 테슬라는 너무 많이 올라서 떨어질 수도 있을 것 같음
LG화학	전기차가 점점 많아질 것 같은데 그러면 당연히 전기차에 들어가는 배터리도 점점 많이 필요할 것 같아 돈을 꾸준히 잘 벌 것 같음

이렇게 펀드에 담을 기업을 선정한 후에는 우리집 펀드에서와 마찬가지로 투자 금액을 정해 펀드를 설계합니다.

활동 3-4-③ : 부록 p.57

펀드이름	00이네 지구온난화막기 증권 펀드		
전체 투자금액	1,000만 원	펀드설립일	2021년 3월 16일
투자순위	기업 이름	투자금액	그렇게 투자하기로 한 이유
1	LG화학	300만 원	전기차가 많아질수록 돈을 잘 벌 것 같고 배터리 기술도 세계 최고임
2	씨에스윈드	300만 원	세계 1위 풍력 타워 생산업체임
3	현대차	200만 원	앞으로 전기차가 더 많이 팔려서 돈을 더 많이 벌 것 같음
4	두산중공업	100만 원	세계적인 발전기 업체임
5	에코프로	100만 원	탄소배출권으로 돈을 벌 것 같음

펀드를 설계했다면 우리집 펀드 만들기에서 했던 것처럼 일정한 기간마다 주가 등락률을 계산하고 투자금이 어떻게 변했는지 기록하면 됩니다. 그래프 작성도 잊지 마세요.

우리집 펀드의 이름과 펀드 안에 담을 기업을 선정해 봅시다.

Q1. 아이와 함께 만든 펀드의 이름은 무엇인가요?

Q2. 그 펀드 안에는 어떤 기업을 넣을 수 있나요?

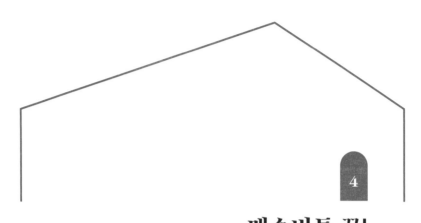

매수버튼 꾹! 나도 이제 자본가

좋은 기업을 찾았어도 직접 투자하지 않으면 그냥 자신과 무관한 여러 기업 중 하나일 뿐입니다. 하지만 인간의 마음은 신기해서 '내돈내산' 기업이 되면 확실히 마음 자체가 바뀌게 됩니다. 그 기업 이름만 들어도 반갑고 더 아는 체를 하고 싶어집니다. 물론 애착이 생기는 만큼 객관적으로 보지 못하고 마냥 사랑스럽고 좋아 보이는 단점이 있기도 합니다. 하지만 직접 주식을 매수하고, 증권계좌를 통해서 주가와 수익률이 변동하는 경험을 하게 되면 기업에 대해서도 더 큰 관심을 가질 뿐만 아니라 주식투자에 대해서도 진지하게 임하게 됩니다. 그렇기 때문에 단 한 주라 할지라도 직접 주식을 매수해보는 경험은 굉장히 중요합니다.

그런데 막상 증권계좌를 개설하고 투자를 시작하려면, 특히 미성년자는 증권계좌 개설부터 성인들보다 훨씬 더 복잡하고 불편합니다. 그래서 지금부터는 아이들의 증권계좌를 개설하는 것부터 직접 주식을 매수하는 것까지 소개하겠습니다. 이번 장을 계기로 아이와 증권계좌도 개설해보고, 좋은 기업을 골라 적은 돈이라도 직접 매수하는 경험을 해보시길 바랍니다.

증권계좌 개설 전 은행계좌 개설

지킴이 중에는 비대면 증권계좌를 개설해 본 경험이 있으신 분도 있을 것입니다. 비대면 증권계좌 개설은 말 그대로 직접 은행이나 증권사를 방문하지 않고 스마트폰을 이용하여 증권계좌를 개설하는 것입니다. 물론 신분증을 카메라로 찍었을 때 프로그램이 신분증을 제대로 인식하지 못하는 등 계좌 개설에 어려움을 겪기도 하지만 비대면 증권계좌 개설은 직접 방문하지 않아도 된다는 것만으로 굉장한 편의를 제공합니다. 하지만 미성년인 자녀들은 신분증도 없을뿐더러 비대면 계좌 개설을 할 수가 없습니다. 그래서 필요한 서류들을 준비하여 까다로운 과정을 거쳐야 증권계좌 개설이 가능합니다.

① **서류 준비**

　자녀 기준의 기본증명서(상세, 개인의 기본적인 사항 증명)

　자녀의 도장

　부모 기준의 가족관계증명서(상세)

　동행하는 부모의 신분증

② **은행 방문**

　은행 계좌 만들기(p.063참고)

　인터넷뱅킹 신청

③ **증권계좌 개설**

　은행이나 증권사 지점에서 증권계좌 개설 신청

④ **증권사 회원가입**

⑤ **공동 · 금융인증서 신규 발급**

　아이의 아이디, 비밀번호, 주민등록번호 입력 + 부모의 휴대전화로 인증

　자녀의 증권계좌 개설은 성인보다 훨씬 복잡하고 까다롭습니다. 금융실명제가 실시된 이후 자녀 이름의 차명 계좌를 두는 등의 사회적 문제를 해결하기 위해 절차가 복잡해진 것이라고 하니 조금 불편해도 수고를 감수해야 합니다.

　위의 절차 중에서 세 번째 과정을 보면 증권계좌를 은행이나 증권사에서 개설하라고 되어있습니다. 은행에서 증권계좌를 개설할 때와 증권사에서 계좌를 개설할 때는 설명하는 장단점을 고려해서 결정

해야 합니다. 우선 은행에서 증권계좌를 개설하면 매매 수수료가 증권사보다 저렴한 장점이 있습니다. 온라인 기준 100만 원에 해당하는 주식을 매수한다고 가정하면 증권사는 대체로 1,000원~3,000원 가량의 수수료가 발생하지만 은행은 증권사 수수료와 비슷하거나 더 저렴한 경우가 많습니다. 심지어 150원가량 차이가 크게 나는 경우도 있습니다. 인터넷 포털에서 '금융투자협회 주식거래 수수료'를 입력하여 검색하시면 증권사, 은행별 수수료를 한눈에 확인해 보실 수 있습니다.

그리고 은행에서 개설하는 증권계좌는 '금융거래 한도 계좌'이기 때문에 1일 출금 및 이체 한도가 ATM이나 인터넷뱅킹 이용 시 30만 원, 영업점 방문 시 100만 원입니다. 그래서 1,000만 원가량을 아이에게 이체하고 싶은 지킴이는 불편할 수 있습니다. 증권사를 통해 증권계좌를 개설한 경우에는 이런 이체 한도의 제약이 없다는 것이 장점입니다.

물론 아이와 어떻게 투자를 할지 고민해야겠지만 제 생각은 '주식거래 수수료'라는 것은 매수나 매도가 발생할 때 지급해야 하는 수수료이기 때문에 좋은 기업을 정해서 오랫동안 지켜볼 입장이라면 매매 수수료가 크게 중요하지 않다고 생각합니다. 그래서 증권사를 통해 계좌를 개설하는 편이 추후 출금, 입금 등을 고려할 때 더 낫다고 생각합니다.

증여세 신청

자녀의 주식투자와 관련하여 지킴이에게 팁을 하나 더 드리고자 합니다. 물론 아는 분도 계시겠지만 아이의 주식투자를 위해 지킴이의 돈을 아이 계좌로 이체시키면 이는 '증여'에 해당합니다. 그래서 증여 후 3개월 이내에 증여세 신고를 하여야 합니다. 그리고 미성년인 자녀에게 증여할 경우 10년에 2,000만 원씩 공제되어 증여세가 면제됩니다. 2,000만 원이 넘지 않아 신고할 필요가 없다고 생각할 수 있지만 그렇지 않습니다. 만약 1,000만 원을 자녀에게 증여해 주식투자를 하였는데 이 돈이 크게 증가하여 4,000만 원이 되었다면 원금 외의 수익금도 증여세 과세 대상이 될 수 있습니다. 자칫 증권계좌가 부모의 차명 계좌로 인식될 수도 있습니다. 그렇기 때문에 2,000만 원이 안 되는 금액이라도 자녀의 증권계좌로 지킴이 돈을 증여할 때에는 증여세 신고를 해야 합니다. 증여세 신고가 복잡하고 어려울 것이라 지레짐작하겠지만 생각보다 쉽고 간단하며 세무서를 직접 방문하지 않고 홈택스로도 신고가 가능합니다. 그 절차를 쉽고 간단하게 소개하겠습니다.

설명을 보니 그렇게 어렵거나 까다롭진 않죠? 이렇게 아이의 주식투자를 위한 종잣돈을 증권계좌에 넣어두고 세금으로부터도 자유로워졌다면 이제 지킴이와 아이가 선택한 기업의 주식을 계좌에 담으러 가야겠죠?

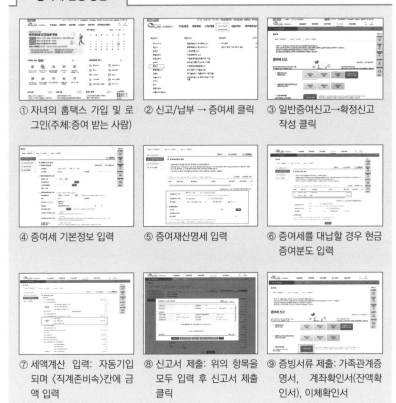

증여세 신청 방법

① 자녀의 홈택스 가입 및 로그인(주체:증여 받는 사람)

② 신고/납부 → 증여세 클릭

③ 일반증여신고→확정신고 작성 클릭

④ 증여세 기본정보 입력

⑤ 증여재산명세 입력

⑥ 증여세를 대납할 경우 현금 증여분도 입력

⑦ 세액계산 입력: 자동기입 되며 〈직계존비속〉칸에 금액 입력

⑧ 신고서 제출: 위의 항목을 모두 입력 후 신고서 제출 클릭

⑨ 증빙서류 제출: 가족관계증명서, 계좌확인서(잔액확인서), 이체확인서

매수버튼 꾹

주식을 매수하기 위해서 가장 많이 사용하는 도구는 HTS와 MTS가 있습니다. HTS는 PC로 주식을 매수할 때 사용하는 도구인데 MTS보

다 많은 기능과 정보를 제공합니다. 하지만 지킴이와 아이가 하기에는 너무 복잡하고 용어도 어려워서 MTS를 추천합니다.

MTS는 단어에서 알 수 있듯이 Mobile(스마트폰)로 주식 매매를 할 수 있게 만들어 놓은 도구입니다. PC보다 화면도 작고, 기능도 적지만 주식 초보자가 접근하기에는 HTS보다 훨씬 간편합니다. 그리고 요즘 스마트폰은 지킴이뿐만 아니라 아이도 가지고 있어서 접근성도 좋습니다. 그리고 HTS의 알 수 없는 수많은 기능보다 이미 우리가 연습한 좋은 기업 고르기 방법이라면 굳이 필요하지 않을 것입니다.

그럼 '구슬이 서 말이라도 꿰어야 보배다.'라는 말처럼 주식 매매하는 방법부터 알아보겠습니다. 그리고 MTS에 우리가 쓸만한 기능은 무엇이 있을지 살펴보겠습니다.

설명한 방법으로 주식 매수를 실제로 해보셨나요? 계좌에 내가 고른 기업을 담고 있는 기분은 어떠신가요? 주주가 되고, 자본가가 된 기분이 궁금합니다. 어른들은 금액이 적어 크게 와닿지 않을 수 있지만 아이는 다를 수 있습니다. 아이는 아주 적은 금액이지만 주주가 되었다는 것, 자본가가 되었다는 것으로부터 더 큰 꿈을 키울 수 있습니다.

MTS를 활용한 주식 매매

① 증권사 주식 APP
   다운로드

② 회원가입 및
   관심종목 등록

③ 현재 시가 확인

④ 차트확인

⑤ 매수

⑥ 매도

⑦ 정정/취소

⑧ 계좌확인

- 시장가 : 원하는 수량을 즉시 매수하려고 할 때 사용하며, 가격을 쓰지 않고 수량만 입력해서 매수 주문을 한다. 보통가보다 빠르게 주문이 체결될 수 있다는 장점이 있지만, 가격적인 면에서 보통가 주문에 비해 손해를 볼 수도 있다.
- 보통가 : 가격을 정해서 주문을 내는 방법. 주로 사용하는 방법.
- 분할매수 : 많은 분량의 특정 종목 주식을 점진적으로 매수해 나가는 것을 말한다.
- 분할매도 : 상대적으로 대규모 물량의 단일 종목을 일정기간에 걸쳐 매도하는 행위.

딸, 마텔이랑 네이버 주주가 된 걸 축하해~

네. 근데 주주가 뭐야?

주식의 주인, 즉 회사의 주인이라는 뜻이지. 물론 주식 수가 많을수록 더 영향력이 큰 주인이지만.

👩 주인이니까 아빠가 지난번에 말한 것처럼 회사가 돈을 벌면 회사 주인들한테 나누어 주는구나.

🧑 그렇지. 근데 똑같이 주는 건 아니고 주식 수에 따라서 많이 가지고 있는 사람한테는 많이 주고, 적게 가지고 있는 사람한테는 적게 줘.

👩 그러면 나, 네이버랑 마텔 더 살래.

🧑 그래. 계속 용돈 모아서 더 많이 사자.

👩 알았어.

🧑 나중에 그 회사 주식을 많이 가지게 되면 회사의 중요한 결정을 할 때 같이 참여할 수도 있어. 사장님처럼.

👩 정말? 얼마나 많이 가져야 하는데?

🧑 정말 정말 많이 가져야 하지. 네이버처럼 큰 회사는 훨씬 더 많이 가져야 하고. 그래서 돈이 엄청 많이 들지. 대신 네가 회사를 만들어서 열심히 회사를 키울 수도 있어. 지금 네이버나 카카오 사장님은 그렇게 해서 제일 많은 주식을 가지고 있는 사람이 된 거야.

👩 그렇구나. 나도 나중에 그런 사장님이 되고 싶다.

🧑 응. 남들이 하지 못하는 창의적인 아이디어로 다른 사람들을 위해서 좋은 물건이나 서비스를 만들면 그렇게 될 수 있어!

앱에서 볼 수 있는 유용한 기능

MTS에는 주식을 매매하는 것 외에도 주식투자에 도움이 될만한 기능들이 있습니다. 그중에 지킴이가 자녀와 함께 사용할 만한 기능을 몇 가지 살펴보겠습니다.

우선 '기업정보'를 살펴볼 수 있습니다. '기업정보'는 기업개요, 기업현황, 재무분석, 투자지표로 구성되어 있습니다. 그 기업의 시가총액은 얼마인지, 무엇을 만들어 돈을 버는지, 매출액은 얼마이고 영업이익과 당기순이익은 얼마인지, PER과 PBR은 얼마인지, ROE는 얼마인지 등 기업과 관련된 정보들을 확인할 수 있습니다.

이렇듯 기업정보에는 많은 정보를 제공하고 있습니다. 하지만 이 많은 정보를 이해하기에는 어려움이 있습니다. 그래서 아이와 함께 아래 학습지를 보며 찾은 정보가 무엇을 뜻하는지 살펴보는 것이 좋습니다.

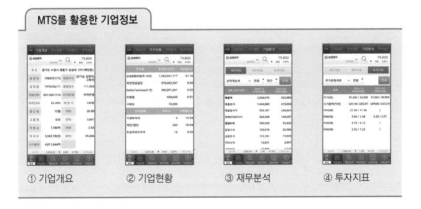

MTS를 활용한 기업정보

① 기업개요   ② 기업현황   ③ 재무분석   ④ 투자지표

찾아야 하는 정보	내용
기업 이름	네이버
기업이 만드는 재화나 서비스는 무엇인가요?	인터넷 검색 포털 서비스, 모바일 메신저(라인), 광고, 쇼핑, 간편결제, 클라우드, 콘텐츠
기업실적 코멘트	20년 9월 전년보다 매출액 19.3% 증가, 영업이익은 1.4% 증가, 당기순이익은 72.7% 증가 비대면 솔루션과 서비스 수요 증가로 실적이 개선됨
기업의 현재가(2021.03.12)	380,500
시가총액	62조
매출액의 변화	(18년, 5.5조)(19년,4.3조)(20년,5.3조)
영업이익의 변화	(18년 0.9조)(19년, 1.1조)(20년1.2조)
당기순이익의 변화	(18년 0.6조)(19년 0.4조)(20년 1조)
PER	62.4
PBR	7.6
ROE	(18년,13%)(19년10.6%)(20년15.2%)

※ 용어해설

PER : 주가/순이익, 지금처럼 돈을 벌면 몇 년만에 주식투자한 돈을 다 회수할 수 있을지를 나타내는 지표

PBR : 주가/순자산, 현재 주가가 기업의 순자산 혹은 장부가치에 비해 얼마나 비싼지를 알 수 있는 지표

ROE : 순이익/자기자본, 빌린 돈을 제외한 자기자본에 대해 얼마나 돈을 벌었는지를 파악하는 지표

기업정보와 더불어 기업 주가의 변화를 보기 쉽게 차트도 제공하고 있습니다. 차트를 보면서 미래 주가를 예측하려고 연구하는 사람

도 있지만 그런 방식으로 투자할 경우 손해를 입을 확률이 높아 추천하지 않습니다. 대신 차트를 통해 해당 기업이 시장에서 인기가 많은지 아니면 소외되어 있는지 정도를 판단할 수 있습니다. 일단 우리는 좋은 기업을 골랐기 때문에 소외되었다면 싸게 매수할 기회이고, 인기가 많다면 비싸게 거래가 되고 있을 것이니 자녀와 상의하여 매수하거나 적당한 주가가 될 때까지 여유를 두고 기다려 보는 것도 좋을 것입니다. 지금의 주식 투자는 자녀의 경제교육을 위한 체험이 목적임을 잊지 마세요.

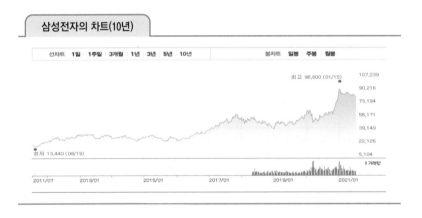

MTS에는 '재무검색'이라는 기능도 있습니다. 이 기능은 자신이 원하는 기준에 맞는 PER, PBR, 영업이익률(%), ROE(%), 배당수익률(%)을 가진 종목을 자동으로 검색해줍니다. 만약 매출과 비교해 영업이익률이 높은 기업이 좋다고 생각하면 몇 % 이상의 영업이익률을 가진 기업만 모아서 찾아볼 수 있고, 배당을 많이 주는 기업이 좋다고 생각하면 배당수익률이 높은 기업만 모아서 찾아볼 수 있습니다. 좋은 기업이 잘 보이지 않을 때 여러 가지 조건을 통해 투자할 기업을 골라보는 것도 좋을 방법입니다.

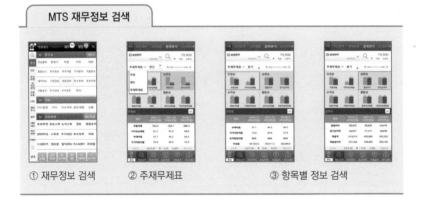

MTS 재무정보 검색

① 재무정보 검색　② 주재무제표　③ 항목별 정보 검색

　그 외에도 '업종/섹터/그룹'과 '국내주식정보'도 지킴이에게 도움 되는 기능입니다. 만약 특정 산업이 앞으로 가치가 높아져 속해 있는 기업들이 이윤을 많이 낼 것 같다면 '업종/섹터/그룹'에서 그 산업과 관련된 기업을 확인할 수 있습니다. 특히 시가총액 순서대로 기업을 확인할 수 있어 그 산업에서 우량한 기업을 쉽게 찾을 수 있습니다. '국내주식정보'는 주식과 관련된 다양한 기사들을 실시간으로 보여 주는 기능입니다. 계속 보고 있을 수는 없지만 가끔 어떤 소식이 올라오는지, 관심 있는 기업에 대한 소식만 따로 검색해서 살펴보면 도움이 됩니다.

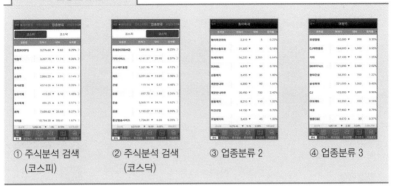

MTS 업종분류 검색

① 주식분석 검색 ② 주식분석 검색 ③ 업종분류 2 ④ 업종분류 3
(코스피)   (코스닥)

해외주식 거래는 어떻게 하나요?

해외주식에도 관심이 많은 지킴이 또한 있으실 것입니다. 주식 시장 역시 해외주식에 대한 관심이 높습니다. 사실 생각해보면 해외주식에 대한 관심이 높아지기 이전에 우리에게 친숙한 글로벌 기업도 많이 늘었습니다. 구글, 마이크로소프트뿐만 아니라 페이스북, 아마존, 디즈니, 나이키, 테슬라 같은 기업들에 대해서 들어봤을 것입니다. 단순히 이름만 들어본 것이 아니라 어쩌면 이런 글로벌 기업이 만든 제품이나 서비스를 이용하는 분들도 상당히 많을 것입니다. 진정한 경제 지킴이가 되기 위해서는 국내 기업뿐만 아니라 해외 기업의 주주도 되어야 한다고 생각합니다. 전 세계를 상대로 사업을 펼치고, 큰돈을 벌어들이고 있는 공룡 기업들의 등에 올라타 가정 경제도 지키고 나라 경제도 지킨다면 진정한 의미의 경제 지킴이가 아닐까 합니다.

그러기 위해서는 해외주식도 매매할 수 있어야 하겠죠? MTS를 이용하여 해외주식을 매매하는 방법을 알아보도록 하겠습니다.

MTS를 활용한 해외주식 매매

① 증권사 해외주식 APP 다운로드

② 투자할 해외 기업 선정하기

③ 외화 환전하기•

④ 원화주문도 가능••

⑤ 매수•••

⑥ 매도

⑦ 정정/취소

⑧ 잔고확인

- • 환전 : 미리 매수할 주식의 양과 주가를 계산하여 환전을 함(해외주식의 거래수수료 확인하기, 거래수수료가 국내보다는 높기 때문에 환전할 때 조금 여유있게 해야 함)
- •• 원화주문 : 해외주식 주문 시 원화예수금을 증거금으로 먼저 매매하고 환전은 자동으로 이루어지는 서비스
- ••• 해외주식 매수 : 15분 지연이 대부분이며 해외주식 매수 때에는 주가를 현재가보다 높게 해둬야 거래가 가능함(야후 파이낸스로 실시간 주가 검색이 가능함)

해외주식을 투자할 때는 한 가지 더 유의하실 것이 있습니다. 바로 해외주식은 양도소득세가 있다는 것입니다. 국내주식도 2023년부터 양도차익에 대한 소득세가 신설될 예정이지만 기본적으로 1년에 수익 5,000만 원까지는 면제해줍니다. 하지만 해외주식은 1년에 250만 원까지만 면제해주고 그 이상에 대해서는 22%의 양도소득세를 부과

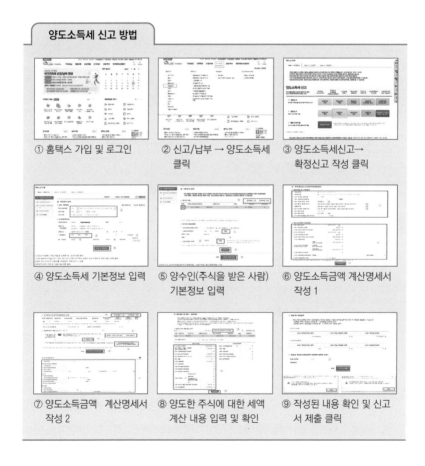

양도소득세 신고 방법

① 홈택스 가입 및 로그인

② 신고/납부 → 양도소득세 클릭

③ 양도소득세신고→ 확정신고 작성 클릭

④ 양도소득세 기본정보 입력

⑤ 양수인(주식을 받은 사람) 기본정보 입력

⑥ 양도소득금액 계산명세서 작성 1

⑦ 양도소득금액 계산명세서 작성 2

⑧ 양도한 주식에 대한 세액 계산 내용 입력 및 확인

⑨ 작성된 내용 확인 및 신고서 제출 클릭

합니다. 만약 세금 신고를 하지 않으면 더 많은 세금을 내야 할지도 모르니 꼭 세금 신고를 하시기 바랍니다.

TALK

머니샘이 전하는 <투자> 이야기

이번 장에서는 투자에 대해서 알아보았습니다. 아이와 함께 투자를 체험하고 배우는 중요한 이유는 아이 스스로 돈을 지키는 능력, 그 돈을 더 불리는 능력을 기르기 위한 것입니다. 그런 능력을 기르기 위해서는 앞서 소개한 것처럼 투자에 관해 올바로 생각하고, 바른 투자 원칙과 투자 습관을 길러야 합니다.

 투자로 아이와 더 친해지기

아이와 투자를 체험하다 보면 위에서 말씀드린 것 외에도 의도하지 않은 효과를 볼 수 있습니다. 제 딸은 현재 모은 돈 중 오랫동안 사용할 계획이 없는 돈을 가지고 주식 투자를 하고 있습니다. 앞서 언급했듯이, 네이버 주식 2주를 매수했습니다. 딸이 좋아하는 게임인 제페토가 어떤 게임인지, 얼마나 인기가 있는지, 그리고 어떤 기업이 만들었는지 공부한 결과 네이버에 투자하게 되었습니다. 이 과정에서 저는 딸과 함께 정보를 나누었고 평소보다 많은 대화를 할 수 있었습니다.

저는 이것이 또 다른 투자 공부의 효과라고 생각합니다.

투자는 세상에 대한 관심

투자는 주변에 대한 관심이라는 생각이 듭니다. 내 가족, 내 주변 사람들이 어떤 것에 관심이 있는지 살피는 것부터 투자가 시작될지도 모릅니다. 그리고 그 과정에서 자연스럽게 대화가 이루어지고 공유하면서 친밀감을 느낄 수 있습니다.

아이도 이런 투자 공부를 통해서 자연스레 주변에 관심을 두게 됩니다. 다른 사람들이 어떤 것에 관심이 많은지, 왜 그것에 관심을 두는지, 그리고 그것은 누구에 의해서 만들어졌는지. 이런 관심 속에서 아이는 세상을 더 확장하고 넓은 시야를 갖게 됩니다. 어쩌면 이것이 좋은 투자 원칙과 투자 방법보다 더 큰 효과가 아닐까요.

자녀에게 돈 관리에 대해 가르치는 가장 좋은 방법 중 하나는
자녀에게 돈을 벌 기회를 주는 것이다.

데이브 램지 _ 재무관리 및 사업 상담 전문가

홈 창업으로 성공하는 십대 기업가 되기

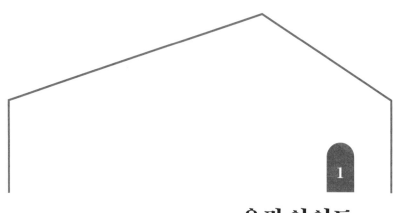

우리 아이도
창업할 수 있다!

저는 이 파트를 경제·금융교육의 꽃으로 이야기하고 싶습니다. 학교에서 이 활동을 할 때 아이들은 가장 관심을 두고 즐겁게 참여했으며 배움에 대한 소감도 생생했습니다. 이 파트에서는 홈페이로 가정에서의 창업 활동을 해보도록 하겠습니다. 창업을 이미 경험한 지킴이도 있을 것입니다. 창업 과정이 어려울 것 같다는 막연한 생각이 들 수도 있지만, 앞선 활동을 실천해 왔다면 전혀 어렵지 않습니다. 자녀 수준에서 어떻게 활동하면 좋을지 쉽게 제시할 것입니다. 이 단계 활동은 가정에서 꼭! 실천해보길 권합니다. 아이와 가족 전체에게 특별한 이벤트와 추억이 될 것입니다. 아이들이 조잘조잘 자신의 아이디어를 이야기하는 모습을 기대해도 좋습니다.

아이들이 정말 창업을 할 수 있을까?

우리 아이가 정말 창업을 할 수 있을까요? 네, 이제는 누구나 창업할 수 있습니다. 이 책에서는 작은 창업을 하더라도 '기업을 세운다.'고 표현하겠습니다. 그 이유는 아이들 입장에서 가게를 차린다는 말보다 기업을 세운다는 표현이 앞으로 더 큰 꿈으로 확장할 수 있도록 도울 수 있기 때문입니다. 먼저 세상의 아이들이 실천한 창업 사례를 몇 가지 소개하겠습니다. 그리고 학교에서 아이들과 활동했을 때 어떤 아이디어들이 나왔는지도 덧붙이겠습니다. 이런 사례를 보고 아이들과 활동을 실천하면, 막연히 '할 수 있을까?' 하고 들었던 생각이 확실히 '할 수 있겠다!'로 바뀌게 됩니다.

물론 아이가 이 경험을 성공적으로 마무리할 수 있으려면 지킴이의 도움이 필수적입니다. 지킴이의 생각이 정리가 되고 아이와 함께 활동을 하면 목표와 기준이 명확해집니다. 그럼 바로 〈지킴이의 생각노트〉에 이번 활동에 대한 지킴이의 생각을 정리해보겠습니다.

아래에 지킴이의 생각을 적어 봅시다.

Q1. 지킴이는 평소에 창업에 대해서 어떻게 생각하시나요?

Q2. 창업, 사업의 기회가 내 아이에게 어떤 도움이 될까요?

Q3. 주변에는 어떤 창업 사례가 있을까요?

저는 경제·금융교육을 진행하면서 학부모께 먼저 '창업', '사업'에 대해 떠오르는 생각은 무엇인지 물어보는 것으로 시작합니다. 대답은 '돈은 많이 벌겠지만, 고생을 많이 할 것 같다', '고생만 하고 돈도 못 벌 것 같다'라는 부정적인 생각이 많았습니다. 망하기 쉽다는 생각이 드는 것이죠. 하지만 우리 아이가 앞으로 마주해야 할 세상은 맹목적으로 취업만 해야 하는 시대가 아니라, 스스로 '창직, 창업'을 해내야 하는 시대입니다. 우리는 이제 아이의 미래를 준비해야 합니다. 지금 집에서 창업을 해보는 경험이 그 첫 단추가 될 것입니다.

세상은 깨어있고, 도전하고, 실행하고, 성과를 내고, 반성하고, 다시 도전하는 사람들을 원합니다. 다시 도전하는 힘은 실패의 경험을 통해 생깁니다. 즉, 다음에는 더 잘할 수 있을 것 같을 때 다시 도전하고 싶어집니다. 하지만 내 모든 것을 걸어 실패했을 때는 다시 일어날 힘이 없어집니다. 어른들의 삶은 선택의 순간에서 모든 것을 걸어야 할 일들이 종종 생깁니다. 그리고 시작이라는 것은 초행인지라 선택의 무게 또한 너무 무겁습니다. 한 번도 경험하지 못한 것에서 100%의 승률을 잡기가 얼마나 어렵고 두려운지 잘 알고 있습니다. 그래서 조금이라도 삶의 무게가 적고, 다양한 꿈이 반짝일 때 도전해봐야 합니다. 실패를 경험할 수 있는 가장 좋은 시기는 우리 아이들의 지금 이 순간입니다.

사람들은 미국에서 창의적인 스타트업 기업이 많이 나오는 이유가 '차고(Garage) 문화' 덕분이라고 이야기합니다. 구글, 애플, 아마존 등 세계적인 명성을 지닌 기업들의 첫 창업 공간이 바로 집, 차고입니다. 집의 차고는 스스로 많은 것을 고민해보고 만들 수 있는 창작의 공간입니다. 그리고 어릴 때부터 반복한 실패 경험이 고스란히 성공의 기회를 만들어 줍니다. 어린 시절 겪어보는 창업, 사업의 기회는 아이에게 세상을 보는 새로운 시각을 제공합니다. 어떤 일을 향한 도전정신과 실제로 행동하는 실행력은 꼭 창업이 아니더라도 아이의 취업에 도움이 될 수 있습니다. 집에서의 창작 활동이 창업으로 이어진 사례를 몇 가지 소개해드리겠습니다.

사람들이 관심 갖는 모든 것이 다 사업거리다

1) 재활용 폐품 사업가, 라이언 힉맨

세계 최연소 사업가이자 환경운동가입니다. 불과 7세의 어린이가 스스로 대학교 학비를 벌었다고 합니다. 미국 캘리포니아의 바닷가 근처에 살고 있는 '라이언 힉맨'이 그 주인공입니다. 바닷가에 떠내려오는 쓰레기로 인해 고통받는 동물들을 보면서 마음 아파하던 라이언은 부모의 도움을 받아 세 살 반 때부터 '재활용 폐품 수집 사업'을 시작했습니다. 회사 이름은 '라이언의 재활용 폐품(Ryan's Recycling)'.

출처 : KBS 스페셜 플라스틱 지구_방송화면 캡쳐

폐품을 재활용하기도 하고, 또 환경운동을 참여하자는 의미의 티셔츠를 온라인에서 판매합니다. 이렇게 얻은 수익금은 환경보호단체에 기부하고 있습니다.

라이언 힉맨의 사례는 단순히 돈을 벌기 위해 사업을 시작한 것이 아니고, 자신이 관심 가는 일을 개선하다 보니 사업이 된 사례입니다. 자신이 관심 있는 일을 하면서도 세상에 선한 영향을 줄 수 있고, 또 돈까지 벌 수 있는 길인 것이죠. 이런 모습을 보면서 일단 우리 아이가 관심 가지는 것이 무엇인지 잘 살펴보고 사업을 구상해볼 수 있습니다. 우리나라에서는 KBS의 환경 다큐멘터리에 등장하면서 이름을 더욱 알렸습니다.

2) '미스터 코리' 쿠키 사업가, 코리 니브스

미국 뉴저지에 사는 코리 니브스를 소개하겠습니다. 코리가 쿠키 사업을 시작한 시기는 당시 9살이었습니다. 4살 때 엄마와 함께 자신의 집 앞에서 직접 만든 코코아를 판 경험을 시작으로, '미스터 코리'(Mr.Cory)라는 쿠키 브랜드를 만들어 아직까지 사업을 이어가고 있습니다. 엄마표 특제 건강 쿠키는 천연 재료를 사용하고 당분이 없는 오트밀과 땅콩으로 맛을 내 인기를 끌고 있습니다. 또한 코리는 SNS를 통해 뛰어난 패션 감각으로 많은 사람에게 호감을 사고 있습니다. 코리는

출처 : 인스타그램 @mrcory

언론에서 자신이 성공한 비결로 외모 관리라고 말했을 정도라고 합니다.

이 사례를 보니 어떠세요? 코코아와 쿠키라니! 재능이나 아이디어가 아주 특출나거나 준비가 완벽할 필요도 없습니다. 그냥 도전해본 작은 경험으로 어떻게 더 잘할 수 있을까를 고민하면서 사업으로 확장하는 거죠. 특히 코리의 사례는 SNS와 가족의 재능도 함께 잘 활용한 사례입니다. 이제는 사업을 한다고 특별히 오프라인 가게를 차릴

필요도 없습니다. 스마트폰이나 노트북 한 대만으로도 창업이 가능한 온라인 시대입니다.

3) 반려동물 사료 사업가, 공희준 대표

외국 사례가 아닌 우리나라에도 청소년 사업가가 있습니다. 전라북도 완주에서 사업체를 운영하는 공희준 대표입니다. 그는 17살 때 키우고 있는 곤충의 사룟값이 너무 많이 나가서 직접 만들어보면서 사업을 하게 되었다고 합니다. 지금은 곤충 사료뿐만 아니라 반려견의 나이에 맞는 영양제도 개발했습니다. 이후 도전 K-스타트업이라는 대회에서 9등을 하며 이름을 알렸으며, 꾸준한 교육사업과 유튜브 등을 통해 자기 생각을 알리고 있습니다. 최근 인터뷰 영상에 따르면 투자 유치도 받아서 자신의 역량을 발휘하기 위해 더욱 노력하고 있다는 소식도 들리고 있습니다.

물론 개인의 재능이 중요하기도 하지만, 공희준 대표의 경우 아버지와 단둘이 기업을 세우고 사업을 시작했습니다. '어릴 때 많은 경험을 해보고 싶다'는 아이의 도전 의지와 아이를 믿고 함께 도전해주는 가족의 모습이 가장 빛나는 사례라고 볼 수 있습니다.

출처 : EBS 10대가 말하다 틴스피치 고등학생 CEO
공희준_방송화면 캡쳐

우리나라에는 다양한 창업지원

제도가 있습니다. 그 중 공희준 대표가 활용했던 청년창업사관학교 (https://start.kosmes.or.kr)에서는 청년들의 창업을 체계적으로 지원하고 있습니다. 이곳보다 좀 더 쉽고 가볍게 체험을 할 수 있는 곳으로 온라인 창업체험교육 플랫폼 YEEP(https://yeep.go.kr)이 있습니다. 온라인 동아리 활동으로 친구들과 미션을 수행하고 스타트업을 개설할 수 있습니다. 이러한 도전은 창업가정신 역량을 쌓을 수 있으며 교육부에서 진행하는 청소년 창업대회 등 생각보다 많은 곳에서 아이의 재능을 펼칠 수 있습니다.

| YEEP의 창업가정신 함양 교육 프로그램 모형(초등학생부터 참여 가능)

출처 : https://yeep.go.kr/intro/yeepIntro.do

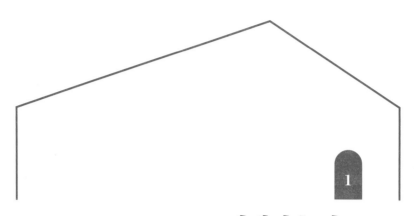

집에서 놀이로 기업 세우기, PPDR

앞서 기업 세우기를 위한 작은 경험의 실천이 좋은 이유와 사례를 살펴보았습니다. 지금부터 집에서 홈페이를 활용해 기업 세우기를 실천하는 방법에 대해 알아보려고 합니다. 이 활동들은 이미 학교에서 창업 동아리 수업으로 진행되고 있습니다. 체험보다 중요한 것은 이러한 활동을 통해 아이들이 '생각하는 과정'을 배울 수 있다는 것입니다.

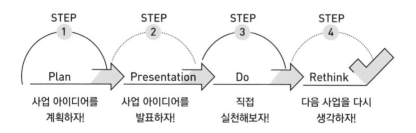

STEP 1. Plan, 사업 아이디어를 계획하자!

사업을 시작하기 위해서는 내가 평소에 관심이 있는 것, 불편한 문제를 해결하면 다른 사람들에게 도움이 될 수 있는 것, 내가 할 수 있는 것, 주변 사람들이 필요로 하는 것은 무엇인지를 중심으로 아이디어를 생각해 봅니다. 아래는 사업 아이디어를 떠올릴 때 도움이 될만한 질문들을 적어보았습니다.

활동 4-1-① : 부록 p.60

STEP 1 | Plan 〉 사업 아이디어 계획 〈아이디어 짜보기〉

- **내가 평소 관심이 있던 일에서 아이디어를 생각해 봅니다.**
  - 평소에 관심 가졌던 것을 떠올려 생각해 봅니다. 예를 들어, 강아지에 관심이 있다면 강아지를 산책시켜주거나 목욕을 시켜줄 수 있습니다. 퀴즈에 관심이 있다면 퀴즈 내기 게임장을 만들어도 좋습니다. 책에 관심이 있다면 책갈피를 만들어 보는 것은 어떨까요?

- **평소에 생각하던 불편한 문제가 있었다면, 그 문제를 해결하기 위한 아이디어를 생각해 봅니다.**
  - 다른 사람들에게 도움이 될 만한 것을 떠올려 보면 좋은 아이디어 상품으로 만들 수 있습니다. 예를 들어 동생이 분리수거를 잘하지 못해 쓰레기를 버리지 않는다는 고민이 있으면 어린이를 위한 쓰레기 분리수거 정리함을 만들 수도 있습니다. 정리정돈이 잘 안 되는 사람에게 나만의 정리 노하우가 담긴 책이나 동영상을 찍어보는 것은 어떨까요?

- **내가 할 수 있는 것부터 생각해 봅니다.**

  - 사소한 것이라도 좋은 아이디어가 될 수 있습니다. 예를 들어, 그림을 잘
    그린다면 색칠 공책을 만들어 봅니다. 또 축구를 잘하는 친구는 축구교실
    을 열어도 좋습니다.

- **우리 가족에게 어떤 것들이 필요할까요?**

  - 우리 가족이 필요로 하는 것은 무엇인지 조사해보고 목록을 작성해 봅
    니다.

- **누구나 창업가가 될 수 있습니다.**

  - 내 아이디어와 사업 방법, 준비물을 적어보고, 그중에서 가장 마음에 드
    는 것을 골라 봅니다.

| 활동지 예시

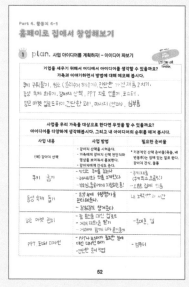
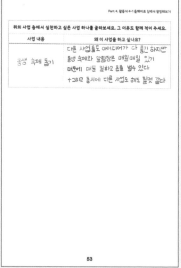

STEP 2. Presentation,
사업 아이디어를 발표하자!

아이디어를 선정했다면, 그 아이디어를 정교화하는 작업이 필요합니다. 바로 창업계획서를 적어보는 것입니다. 창업계획서는 아이가 먼저 스스로 1차 작업을 하도록 하고, 이어서 지킴이가 아이의 계획서에 궁금증을 덧붙여 구체적인 계획을 잡을 수 있도록 합니다. 주의해야 할 점은 지킴이의 역할은 아이가 '지킴이의 입맛에 맞게' 생각하도록 하는 게 아니라, 아이의 아이디어가 성공할 수 있도록 현실적인 방향으로 이끌어주는 것입니다. 그리고 이런 계획 단계에서 아이들이 조금 어려워하더라도, 좋은 계획이 좋은 기업을 만들어낸다는 점을 강조해 주어야 합니다. 자녀가 적어 볼 활동지의 순서는 아래와 같습니다.

활동 4-1-② : 부록 p.62

STEP 2 | Presentation   사업 아이디어 발표 〈창업계획서 적어보기〉

1. 기업에 대한 전반적인 소개

- 내가 하고 싶은 사업은 무엇인가요?
- 왜 이 사업을 선택하게 되었나요?
- 남들과 다른 나만의 아이디어는 어떤 것인가요?
- 이 사업에서 특히 내가 잘 아는 부분은 무엇인가요?
- 이 사업을 하면 꾸준하게 이득이 나올 수 있을까요?

2. 기업(가게)을 만들기 위한 아이디어를 글과 그림으로 표현하기

- 나는 무슨 기업(가게)를 만들 것인지 간단히 소개하는 글을 적어봅시다.
- 가게의 간판은 어떻게 만들 수 있을까요?
- 어떻게 운영할 수 있는지 방법을 생각해 적어봅시다.

3. 내 사업의 판매전략 세우기

- 아래 질문에 대한 대답을 나름의 근거를 가지고 대답할 수 있도록 합니다.
  - → 무엇을 팔 것인가요? → 얼마에 팔 것인가요? → 비싸지는 않나요?
  - → 양은 적당한가요? (충분히 만들 수 있나요?) → 다른 가족들이 살 것 같나요?
  - → 어떻게 홍보할 예정인가요?

4. 직접 기업을 세웠을 때 해야 할 역할과 준비물에 대해서 고민

- 생산하기, 홍보하기, 가게 진열, 계산하기를 예시로 두어 어떤 역할을 해야 하는지 구체적으로 생각하고, 준비물을 적어봅니다.

5. 필요한 준비물을 어디서 어떻게 구매할 수 있을지 적어보기

- 온라인이나 주변 가게에서 준비물 가격을 조사해봅니다.
- 홈페이지를 용돈으로 바꾸어 구매할 수 있도록 합니다.

| 활동지 예시

이렇게 계획서가 완성되면 창업의 계획을 가족에게 발표하는 시간을 가집니다. 발표라고 해서 근사하게 자료를 준비하거나 영상을 준비할 필요는 없습니다. 창업계획서를 보며 설명해주는 수준이면 충분합니다. 그리고 가족들은 아이의 계획을 들으면서 실현가능성 있는 방향으로 다듬어주는 질문을 합니다.

STEP 3. Do, 직접 실천해보자!

피드백을 마쳤다면 사업의 반은 성공한 셈입니다. 훌륭한 아이디어로 창업을 계획한 아이에게 듬뿍 칭찬해주세요. 이제 사업 계획을 실천해보도록 하겠습니다. 아이가 계획한 재화나 서비스를 간판이나 메뉴판 등 성격에 맞게 표현하고 가격을 적어봅니다. 간판과 메뉴판은 그림으로 직접 그려도 좋고, 컴퓨터나 스마트폰을 이용하여 보기 좋게 만들 수도 있습니다. 요즘 아이들은 기기 활용 능력이 좋아 척척 잘 해냅니다.

그리고 집 안 곳곳에 간판과 메뉴판을 두고 홈페이를 활용하여 아이의 사업체를 이용합니다. 집에 손님을 초대해 홈페이로 아이의 사업체를 이용하도록 할 수도 있습니다. 가족 외에 낯선 이에게 재화와 서비스를 제공하는 경험은 아이 입장에서 더욱 긴장되는 일이라 신중하게 해낼 것입니다. 이용 중 서비스나 가격에 개선점이 필요하다면 조언을 해줍니다.

이런 기업 세우기 활동은 아이들에게 노동 소득에 대한 의미를 깨닫게 하고, 또 자기 기업을 어떻게 더 좋은 방향으로 발전시킬 수 있는가에 대해 고민을 하게 합니다. 무엇보다도 이 체험을 통해서 집에서 할 수 있는 다른 사업 아이템을 찾게 될 것입니다. 기업 세우기 활동을 하는 동안 아이에게 '우리 집에서 할 수 있는 다른 사업거리는 더 없을까?' 하고 종종 질문해주세요.

기업 활동의 목적은 이윤 추구입니다. 내가 투자한 돈과 노력보다 더 많은 이익이 창출되어야 합니다. 이를 객관적으로 확인할 수 있는 것이 기업 장부입니다. 용돈기입장을 통해 자신의 자산을 파악했듯이, 기업은 기업 장부를 통해 기업 스스로의 경제활동을 확인합니다. 우리 아이 역시, 기업을 운영하면서 쓴 돈과 벌어드린 돈은 기업 장부에 꼬박꼬박 기록해야 합니다. 내가 재료값으로 쓴 돈보다 벌어들인 돈이 많은지 확인합니다. 이윤을 남겼다는 뜻은 가격을 적정가격으로 맞추었거나, 더 많은 선택을 받을 수 있도록 재화나 서비스의 질이 좋았다는 뜻입니다. 장부에 쌓이는 이윤이 클수록 기업을 잘 운영했다는 객관적인 증거가 됩니다. 이러한 장부의 기록을 경제용어로 '재무제표'라고 부르며, 좋은 기업은 장부 기록이 아주 정직하다는 이야기도 해줍니다.

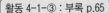

| STEP 3 | Do | 직접 실천해보자! 〈기업 장부〉

| 활동지 예시

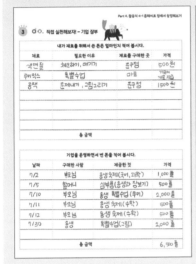

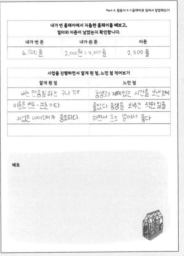

STEP 4. Rethink,
다음 사업을 한다면 어떻게 할 건지 다시 생각하자!

사업체를 운영하면서 가장 중요한 것은 '이 사업을 더 개선하려면 어떻게 하지?'에 대한 생각입니다. 어느 정도 사업이 진행되었거나 마무리가 되었다면 계속 개선해 나가도록 생각할 기회를 주어야 합니다. 가장 이상적인 모습은 가족 구성원 1명당 기업 1개를 운영하면서 여러 가지 기업을 보여주는 것입니다. 다양한 기업이 집 안에 있다면, 다른 기업이 어떻게 운영하는지를 보면서 내 기업을 개선할 수 있습니다. 아이만 기업을 운영한다고 하더라도, 아이는 기업을 운영하면서 느낀 점이 있을 것입니다. 다시 사업을 한다면 어떻게 하면 더 잘할 수 있을 것인지 이야기를 나눕니다.

활동 4-1-④ : 부록 p.68

STEP 4   Rethink   다음 사업을 한다면 어떻게 할 건지 다시 생각하자!

| 활동지 예시

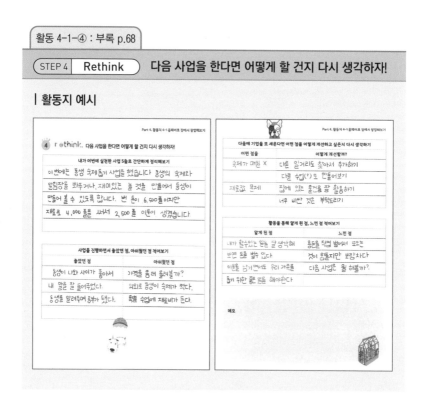

이 PPDR활동은 한 번으로 그치지 않고 반복해서 우리 집의 행사로 만들어 보는 것이 중요합니다. 처음에는 우리 가족으로 시작해서, 타겟을 점점 주변 이웃으로 또래 친구들로 SNS의 사람들로 확장시켜 나갑니다. 반복되는 기업 세우기 활동으로 아이의 '사업력'은 확실히 신장될 것입니다. 이 모든 과정은 PPDR활동을 바탕으로 진행하면 됩니다. 그리고 이 보고서와 과정을 모아서 〈기업 아이디어집〉을 만들어 꾸준히 누적해보면 훌륭한 포트폴리오가 되기 때문에 미래 아이들의 진학 또는 창업에도 쓰일 수 있습니다.

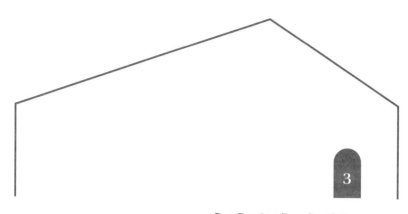

아이들의 미래는
'온라인'에 있다

우리 아이들은 많은 시간을 '온라인'에서 보내고 있습니다. 지킴이 역시 점점 많은 시간을 온라인에서 보내고 있을 것입니다. 이제 온라인 세상은 현실 세계를 뛰어넘을 만큼 커졌으며 이는 전 세계에서 가장 명성 있는 기업인 구글, 아마존, 마이크로소프트, 페이스북, 넷플릭스의 발전만 봐도 알 수 있습니다. 그리고 갑작스럽게 찾아온 코로나바이러스로 인해 학교 수업마저 온라인으로 옮겨갔습니다.

이러한 시대의 변화에 맞춰 온라인 콘텐츠를 재료로 창업을 할 수도 있습니다. 물론 온라인 콘텐츠 사업으로 돈을 번다는 것은 쉽지 않은 일이기에 홈페이를 활용해 알아볼 것입니다. 먼저 온라인 콘텐츠 사업의 수익 과정을 이해할 필요가 있습니다. 우리 아이들이 가장 많이 이용하는 온라인 공간인 유튜브의 수익 구조를 살펴보겠습니다.

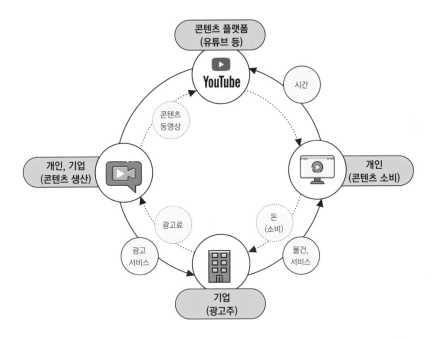

위 그림으로 유튜브에서 콘텐츠 생산자가 어떻게 돈을 버는지 이
해할 수 있습니다.

아이와 유튜브 스튜디오를 만들어 본격적으로 콘텐츠를 업로드하
기 전 어떻게 홈페이를 벌 수 있는지 정하는 시간이 필요합니다. '돈'
과 관련된 문제는 구두로 약속되는 것이 아닌 간단하게라도 계약서를
써야 한다는 것을 익혀야 합니다. 아래의 예시처럼 지킴이도 아이와

함께 정해보길 바랍니다.

온라인 콘텐츠 사업 인센티브 약속

인센티브를 제공하는 사람 (   )
인센티브를 받는 사람 (   )

매주 일요일 유튜브 스튜디오의 성과에 대해 다음과 같이 인센티브를 제공합니다.

1. 구독자 수에 따른 인센티브

- 구독자 1명이 늘어날 때마다 100원을 제공합니다.

2. 동영상 제작에 따른 인센티브

- 동영상 제작에 들어간 노력을 상, 중, 하로 나눕니다.
- 상 등급을 받은 동영상은 1건 당 200원,
  중 등급을 받은 동영상은 1건 당 150원,
  하 등급을 받은 동영상은 1건 당 100원을 제공합니다.
- 일주일에 동영상 제작에 따른 인센티브는 2개까지만 받을 수 있습니다.

3. 조회수에 따른 콘텐츠 인센티브

- 1회 조회수에 대해 10원 만큼의 인센티브를 제공합니다.
- 각 영상은 2주 동안만 조회수를 체크하여 인센티브를 제공한다.

4. 일주일에 제공하는 인센티브는 최대 2000원을 넘지 않습니다.

2번째 항목인 동영상 제작에 따른 인센티브는 동영상에 들어가는 노력에 따라 상, 중, 하로 구분하고 등급에 따라 제공합니다. 이렇게 등급을 구분한 이유는 동영상을 제작하는 데 노력을 기울이게 하기 위해서입니다.

4번째 항목, 일주일에 제공하는 인센티브의 최대치를 정한 이유는 자칫 아이가 제작한 콘텐츠가 예상과 달리 조회수가 급증하여 한꺼번에 너무 많은 인센티브를 받게 되면 해오고 있는 '경제 금융교육 홈프로젝트'가 위협을 받을 수 있기 때문입니다. 이는 마치 지킴이가 열심히 용돈 교육을 하고 있는데 명절에 아이가 너무 많은 용돈을 받게 되면 그전까지 받은 용돈의 의미가 없어지는 것과 비슷한 원리입니다.

홈페이로 인센티브를 제공하기로 약속을 했지만 실제 돈으로도 약속을 정할 수 있습니다. 화폐 종류에 대한 선택은 아이에게 어떤 방식이 더 교육적으로 의미가 있을지 생각해서 판단하면 좋을 것입니다.

이렇게 인센티브 약속까지 마쳤다면 본격적으로 영상을 제작합니다. 영상 제작은 스토리보드, 제작, 업로드의 3단계로 진행합니다.

STEP 1
Storyboard
콘텐츠 개발을 위한 스토리보드 그리기!

STEP 2
Production
콘텐츠 영상 제작!

STEP 3
Upload
제작한 영상 업로드!

STEP 1. Storyboard,
콘텐츠 개발을 위한 스토리보드 그리기!

콘텐츠를 제작하기 위해서는 우선 스토리보드를 그려야 합니다. 어떤 장면을 어떻게 넣고, 무엇이 필요하고, 어떤 자막을 넣을지 등을 아래와 같이 장면을 나누어 그려 넣습니다.

　예시로, 스톱모션으로 영상을 제작한다면 위와 같이 어떤 내용으로 영상을 만들지, 어떤 배경과 그림들이 필요한지 계획을 세울 수 있습니다. 그리고 중요한 장면을 하나씩 미리 스케치해 봅니다.

　어떤 아이 중에는 스토리보드를 건너뛰고 바로 영상을 촬영하고 만들려는 경우가 종종 있습니다. 그렇게 하면 촬영 중간에 스토리가 자주 바뀌어 내용이 산으로 가버리기도 하고, 중간중간 필요한 소품이나 그림 등이 준비가 되지 않아 촬영의 흐름이 끊기기도 합니다. 무엇보다 자기 생각대로 촬영이 순조롭게 되지 않아 금세 흥미가 떨어지기도 합니다. 그런 의미에서 스토리보드는 쉽지 않은 콘텐츠 제작 프로젝트를 끝까지 이끌어주는 길잡이가 되기에 꼭 필요합니다.

STEP 2. Production, 콘텐츠 영상 제작!

대부분의 아이들은 스마트폰을 가지고 있어서 이를 이용해 영상을 촬영하는 것은 어렵지 않습니다. 하지만 영상의 수준을 높이기 위해서 필요한 기기가 몇 가지 있습니다. 삼각대나 블루투스 셔터, 마이크처럼 간단한 촬영 도구만 지원하더라도 아이는 더 전문적인 콘텐츠 개발자가 될 것입니다.

스토리보드를 통해 세운 계획대로 영상을 모두 촬영하였다면 다음으로 편집을 해야 합니다. 키네마스터, 비바비디오 등 무료 영상 편집 앱을 활용하여 스마트폰으로 편집해도 충분합니다. 지킴이가 편집 앱의 기본적인 기능을 익혀 아이에게 알려줄 수 있지만, 자유롭게 앱을 조작할 수 있는 시간만 제공한다면 우리 아이는 지킴이보다 더 빠르고 정확하게 다루리라 확신합니다. 편집 앱 활용법은 유튜브에서 쉽게 찾을 수 있습니다.

처음의 영상 촬영과 편집은 적극적으로 도와주시되 조금씩 아이 스
스로 만들 수 있도록 지킴이의 역할을 줄입니다. 아이들도 영상 제작
과 편집에 굉장히 관심이 많기 때문에 조금만 안내하고 도와주면 금
세 만들 수 있습니다.

STEP 3. Upload, 제작한 영상 업로드!

영상을 업로드하기 위해서는 구글 이메일 계정이 필요합니다. 구글
이메일 계정으로 유튜브에 접속하면 '동영상 업로드'가 가능해집니
다. 영상을 업로드 한 후에는 일주일에 한 번씩 아래와 같이 활동지에
온라인 콘텐츠 사업의 결과를 정리하고 정산합니다.

동영상 콘텐츠 제작에 따른 인센티브 예시

날짜	정산 내용	정산 금액 (원)	1주일 총 정산금액(원)
10월 16일	구독자 증가, 5명	500	
10월 26일	떡국 만들기 영상 업로드(상)	200	
10월 27일	떡국 만들기 영상 조회수(10)	100	
10월 28일	마카롱 영상 조회수(15)	150	950

온라인 콘텐츠 사업 활동을 통해 아이들은 온라인 세상을 이해합니다. 새로움이 가득하고 빠른 속도로 확장되고 있는 온라인 세상! 미래의 아이들은 온라인에서 더 많은 경제 활동을 하게 될 것입니다. 소개해드린 위의 활동으로 경제 생태계를 체험하는 수준을 넘어, 새로운 시대 변화에 대한 적응 능력을 키우고 자신만의 콘텐츠를 쌓아나갈 수 있게 도와야 합니다.

아이들은 지금까지 콘텐츠 소비자로서 다른 사람이 만든 콘텐츠를 소비하고 살았습니다. 이제 온라인 콘텐츠 사업 활동을 통해 콘텐츠 소비자가 아닌 콘텐츠 공급자의 역할을 해본다면 앞으로 빠르게 변하는 온라인 세상에서 살아가기 위한 좋은 경험이 될 것입니다.

머니샘이 전하는 <창업> 이야기

 창업 교육은 돈이 다니는 길을 알게 하는 교육이다

젊어서 부자가 되는 방법은 두 가지라고 합니다. 부잣집에 태어나거나, 창업으로 성공하거나! 조금 과장된 말일 수 있지만, 확실한 것은 창업을 해보는 경험으로 돈이 흐르는 길을 엿볼 수 있다는 것입니다. 제가 수업하는 학교에서 그 어떤 교육보다 아이들의 참여도가 높은 것이 창업 교육입니다. 창업 교육은 내가 관심있는 것, 세상이 흥미롭게 생각하는 것을 중심으로 돈과 연결을 짓게 합니다. '나는 OO을 좋아하는데, 이 OO을 어떻게 다른 사람들에게 인정받고 팔 수 있을까?'를 고민하는 것이죠. 그 과정이 돈의 흐름과 돈이 될 만한 것에 대한 감각을 길러줍니다. 요샛말로 '돈 냄새를 잘 맡게' 합니다. 내가 좋아하는 것과 내가 할 수 있는 것이 돈과 연결되는 경험을 해보면 아이들은 자연스럽게 경제의 눈으로 세상을 보게 됩니다.

현 시대의 창업은 사무실이 없어도 가능합니다. 온라인 세상의 플랫폼에 둥지를 틀면 사무실 임대료를 걱정하지 않아도 되고, 더 좋은 점은 일하지 않는 동안에도 알아서 주문을 받아준다는 거죠.

만약 우리 아이가 피아노 치는 것을 좋아한다면, 그냥 피아노 연습으로 그치지 마세요. 피아노를 못 치는 친구들에게 가르쳐 주거나,

피아노 치는 장면을 찍어 영상을 만들어보는 거죠. 만약 우리 아이가 배드민턴을 잘 친다면, 배드민턴 잘 치는 방법에 대한 꿀팁을 글로 적어보는 것은 어떨까요? 또 우리 아이가 팔찌를 만들 수 있다면 스마트 스토어를 통해 팔찌를 팔아보는 경험도 좋습니다. 지금은 작은 경험이지만, 아이가 자라나면서 더 확장된 창업 경험을 하게 된다면 '취업'에 대한 고민은 가벼워집니다. 세상에는 돈 벌 수 있는 노다지가 너무나 많으니까요!

그리고 그 과정을 위에 알려드린 방법으로 연습해보세요. 우리나라는 창업에 대한 지원과 혜택이 많은 편이라 아이들이 청소년만 되어도 도전해 볼 수 있습니다. 위의 과정은 실제 창업 과정과 크게 다르지 않습니다. 지금부터 차곡차곡 연습해보면 아이들이 길을 걷다가도 "어? 이거 좋은 창업거리가 되겠다!" 하고 이야기하는 것을 듣게 됩니다. 그렇게 이야기하기 시작한다면, 아이는 이제 돈 감각을 조금씩 갖게 되는 것이죠.

 좋은 돈을 벌기 위해서는 좋은 사람이 되어야 한다

〈돈의 속성〉이라는 책에서 저자 김승호 님이 강조하는 것은, '돈은 사람이다.'라는 것입니다. 돈도 인격체라 돈을 소중히 다루고 정당하게 버는 사람에게 품질 좋은 돈이 더 들어온다는 이야기를 합니다. 품질 좋은 돈이란, 쉽게 빠져나가지 않고 든든하게 내 자산이 되어주는 돈입니다. 우리 아이들이 빨리 부자가 되고, 창업을 해내는 것도 중요하지만, 절대로 잊어서 안되는 것이 있습니다. 바로, 좋은 돈을 벌 수 있는 좋은 사람이 되는 것이죠. 바로, 기업가 정신을 가지는 것입니다.

기업가 정신은 말 그대로 좋은 기업가의 모습에서 배울 수 있습니다. 우리가 기업가들을 보면서 '돈을 얼마나 벌었는가?'에 대한 관심을 넘어서, '돈을 어떻게 벌었는가?'를 잘 살펴봐야 합니다. 즉 그 사람의 자산은 얼마인가가 아닌 어떤 기업가 정신을 가지고 성공하게 되었는지를 관찰해야 합니다.

성공한 기업가들에게서는 공통적인 큰 배울 점이 있습니다. 먼저 좋은 기업가들은 주인의식이 있습니다. 주인의식이란 자본과 돈, 회사, 가게, 물품에 대해서 '내가 소중히 잘 관리해야 한다.'는 마음입니다. 깨끗하게 쓰는 우리 집처럼 나의 일터도 깨끗하게 하는 것, 또 내가 만든 물건도 남들이 인정할 수 있게 깔끔하게 생산하는 것들이 해당됩니다. 이런 주인의식은 자연스럽게 책임감까지 높여줍니다. 나의 회사가 남에게 피해를 주지 않도록 끝까지 책임지는 것이죠.

두 번째로, 주인의식이 있다면 자연스럽게 따라오는 것이 '창의성'입니다. 내 사업을 어떻게 하면 더 잘 운영할 수 있을까? 또 내가 생산하는 물건을 어떻게 하면 더 좋게 만들 수 있을까를 끊임없이 고민합니다. 이런 과정은 종종 혁신으로 이어집니다.

이런 모습들은 알려준다고 가르쳐지는 것이 아닙니다. 다만 우리 아이에게 맞는 방법을 찾을 수 있도록 창업 교육을 통해서 지킴이가 잘 도와주어야 합니다. 좋은 사람이 되기 위한 방법이 다양한 것처럼, 또 창업 거리가 세상에 무수히 많은 것처럼 인생에는 정해진 공식이 없습니다. 다양한 창업 스토리가 있는 것처럼 아이들의 성장 과정도 다양합니다. 특별한 성공사례, 공식 찾기에 몰두하여 아이에게 외우 듯 알려주기보다는 지금 아이의 곁을 지키고, 함께 창업을 경험해보 면서 아이를 관찰해야 합니다. 그리고 아이가 '어떻게 하면 이것을 더 잘할 수 있을까?' 하고 고민하는 모습, '내 회사를 잘 꾸려야 해!' 하고 다짐하는 모습을 보이면 크게 칭찬해 주세요.

그리고 꼭 지켜야 할 한 가지 규칙이 있습니다. 안정적인 경제사회 는 공정함을 지켜야 발전될 수 있습니다. 정당하게 벌지 않은 돈, 환 경 피해를 주면서 벌게 되는 돈, 남을 속여가며 약탈하는 돈은 멀리 해야 한다는 것입니다. '돈만 잘 벌면 되는거지! 남보다 내 행복이 중 요해!' 라고 이기적으로 생각하며 벌게 되는 돈이나, '남들은 이렇게 돈 버는 걸 모를 거야.' 라고 생각하는 것은 옳지 않다고 단호하게 이 야기해 주어야 합니다. 좋은 돈은 좋은 인성을 가진 사람에게 붙는다 는 것을 꼭 기억하세요.

당신과 내가 해야 할 가장 중요한 일은
우리의 집 울타리 안에 있을 것이다.

해롤드 비 리 _ 종교 지도자 겸 교육자

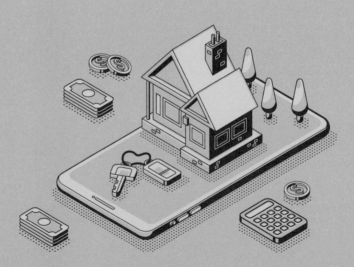

부동산

건물주보다
목표가 있는 드리머

PART
5

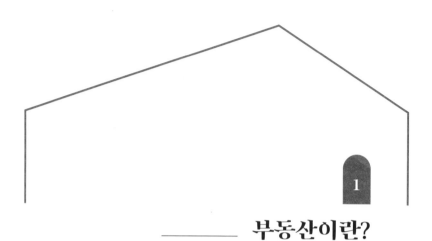

부동산이란?

지킴이뿐만 아니라 우리나라 사람이라면 누구나 관심 있는 것이 부동산일 것입니다. 한때 초등학생의 장래 희망 1위가 건물주라는 설문조사 결과가 나올 정도였습니다. 아마도 아이들은 부모님을 비롯한 많은 어른이 부동산, 건물주에 대해 얘기하는 것을 보고 들으며 건물주에 대한 동경을 갖게 됐을 것입니다. 특히 부동산값이 올라 돈을 벌고, 임대료 수익으로 편한 삶을 사는 건물주에 대한 얘기를 들으며 동경하는 마음을 가졌을 것입니다.

이렇게 아이들은 이미 부동산에 대한 많은 정보를 접하며 살아가고 있고, 그런 정보는 아이들의 삶에도 영향을 미치고 있습니다. 하지만 대부분의 정보가 부동산 투자와 관련된 것에 치중되어 있습니다.

그래서 이번 장에서는 아이와 부동산, 특히 집의 기능과 의미를 다양한 활동을 통해 생각해보고자 합니다.

내가 살고 싶은 집

'나는 어떤 집에 살고 싶나요?'라는 주제로 3학년 학생들과 미술 수업을 진행했습니다. 어떤 그림을 그렸을까요? 대부분 학생은 아래 그림과 같이 굴뚝이 있는 큼지막한 집이나 자신의 취미를 즐길 수 있는 여러 방을 그리곤 했습니다.

미술 시간에는 아이들의 상상력을 중요하게 생각하기 때문에 어떤 모습의 집을 그리든 크게 상관하지 않습니다. 하지만 지금 우리가 아이들과 함께 갖고자 하는 시간은 상상 속의 집을 그리는 것이 아니라 집은 어떤 기능을 하고 있는지 생각하여 조금 더 실제적인 집을 그리는 것입니다. 그래서 '내가 살고 싶은 집'을 그리기 전에 아래와 같이 집이 갖추어야 할 기능에는 어떤 것들이 있는지 생각해볼 필요가 있습니다.

활동 5-1-① : 부록 p.70

우리 가족이 집에서 하는 일은 무엇이 있는지 최대한 많이 적어 봅시다.

(예시) 잠자기, 밥 먹기, 요리하기, 게임하기, TV보기, 책 읽기, 공부하기, 음악 듣기, 옷 입기, 씻기, 함께 대화나누기, 강아지랑 놀기, 같이 보드게임하기

활동 5-1-② : 부록 p.70

가족이 집에서 하는 일을 생각하며 미래에 내가 살고 싶은 집에 꼭 필요한 공간을 적어봅시다.

방(공간) 이름	방(공간)의 기능
주방	요리, 식사
안방	잠자기, 책읽기, 공부하기, 음악듣기

드레스룸	옷 보관하기, 옷 입기
거실	TV보기, 친구들이랑 놀기
화장실	볼일보기, 샤워하기

집은 우리 삶에서 떼려야 뗄 수 없을 만큼 중요한 공간입니다. 우리 삶의 대부분의 시간을 보내기도 하고, 많은 것들을 집에서 행하고 있습니다.

그런 의미에서 우리가 집에서 무엇을 행하며 살고 있는지를 생각해보는 것은 집의 진정한 의미를 파악하는 데 매우 유용합니다. 특히 아이들은 주관적이고, 자기중심적이기 때문에 아이 자신이 아닌 가족 전체가 집에서 무엇을 하는지 생각해보는 것은 가족과 집에 대해서 자기중심적인 생각에서 벗어날 수 있는 좋은 교육 방법이라고 할 수 있습니다.

이렇게 집의 기능과 나에게 필요한 공간을 살펴보았다면 이제 본격적으로 미래의 내집을 그려볼 수 있습니다. 너무 큰 그림을 그리거나 색칠을 하게 되면 부담스러워하는 아이가 있으니 크지 않은 종이에 연필로 그립니다. 물론 아이가 미술에 관심이 많고 욕심이 많으면 활동지 말고 더 큰 종이에 그려도 좋습니다.

활동 5-1-③ : 부록 p.71

위에서 내려다 보는 것처럼 그려 봅니다.

(예시)

이렇게 집을 그린 다음에는 미래 나의 집을 소개하는 시간을 가져 봅니다.

활동 5-1-③ : 부록 p.71

미래 나의 집을 소개하는 시간을 가져봅니다.

(예시) 미래 내 집의 가장 큰 특징은 테라스가 있다는 것입니다. 그곳에서 식물도 키우고 안락한 의자에 앉아 가족과 많은 대화를 할 것입니다.

내 집 어디에 지을까?

내가 살고 싶은 집을 그려보았다면 이번에는 집의 위치를 생각해 볼수 있는 활동을 합니다. 같은 넓이와 형태의 집이라도 역세권이니 숲세권이니 학세권이니 하면서 어디에 위치하고 있는지에 따라 그 집의 가치가 달라집니다. 이제 중요한 입지환경을 배울 수 있는 활동을해보겠습니다.

활동지 지도에는 내가 살고 싶은 집을 지을 수 있는 후보지가 나옵니다. 우선 아이와 함께 후보지별 도로, 공공시설, 편의시설 등을 살펴보면서 살기 좋은 입지를 4군데 선정하고, 그 결과를 활동지에 정리합니다.

활동 5-2-① : 부록 p.72

아래 지도를 보고 어떤 입지에 집을 짓고 싶은지 생각해 봅시다.

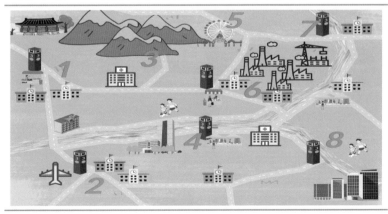

1번부터 8번 입지 중 살기 좋을 것 같은 곳 4군데를 골라 특징을 적어봅시다.

입지번호	특징
4번	지하철역과 가깝고 큰 건물(일자리)과 시장이 있음
8번	강과 가깝고 한적함
2번	공항이 있음
5번	놀이공원이 있음

　살기 좋은 입지 4군데를 선정하는 활동을 통해 아이들은 주변의 환경을 살피고, 각 환경이 입지에 어떤 영향을 미치는지 생각해볼 수 있습니다. 이렇게 살기 좋은 입지를 선정한 후에 자신이 커서 집을 짓고 싶은 입지 하나를 선택하게 되면 자신의 취향 뿐만 아니라 환경 조건까지 생각해서 최고의 입지를 선택할 수 있습니다.

　🧑 우리 딸, 미래에 살고 싶은 집을 정말 잘 그렸어. 이번에는 그 집을 어떤 위치에 지으면 편하고 행복할지 찾아볼 거야.

　👧 나는 지금 우리 집이 좋은데? 다 있잖아.

　🧑 그것도 맞지. 그런데 우리는 이곳에 익숙해져 살고 있으니까 모든 게 다 있다고 생각하는 거지 사실은 이곳보다 더 좋은 곳이 있을 수도 있어.

　👧 그런 곳을 어떻게 찾아?

　🧑 물론 쉽진 않은데, 아빠가 준비한 활동지를 통해 찾는 연습을 해

보면 나중에 잘 찾을 수 있을 거야.

정말? 그럼 빨리해보자.

지도를 보고 1번부터 8번까지 중에서 어디에 살면 좋을 것 같아?

강 가까이 있으면 좋지 않을까? 나는 6번, 4번, 8번. 그런데 너무 시골 아니야?

그렇지? 그러면 사람이 필요한 것들을 하나씩 더해가면서 좋은 장소를 찾아보자. 그러면 먼저 도로, 지하철, 문화시설이 있는 활동지를 한 번 겹쳐볼게. •

오! 내가 고른 4번에 지하철이 있어! 잘 고른 것 같아.

역세권이라고 하지? 지하철역이나 기차역이 가까운 곳은 개인 차량이 없어도 쉽게 이동할 수 있기 때문에 인기가 많아. 이번에는 학교를 추가해볼까?

4번에는 학교가 없네? 6번이 낫겠다.

학교가 집 주변에 있으면 우리 집처럼 아이들이 있는 가정은 좋겠지? 딸은 학교가 있는 곳은 어떤 거 같아?

나중에 결혼해서 아이를 낳으면 좋을 것 같은데. 아직은 결혼 마음이 없어서 상관없지만.

이번에는 경찰서, 병원, 공항이 있는 투명지를 겹쳐볼게.

• 활동 5-2는 투명지를 이용하여 도로, 지하철, 관공서, 건축 시설물 등이 차례로 겹쳐지는 형태로 제작되어야 했으나 제작 과정의 어려움으로 전체 이미지로 대신합니다.

👧 나는 여행을 자주 가고 싶어서 2번! 공항 근처에 살면 좋을 것 같아!

👩 과연 그럴까? 우리나라 인천국제공항은 하루에 비행기가 1,000대가 운항한대. 비행기가 이륙하고 착륙할 때 나는 소음은 어떨 것 같아?

👧 우리 해외여행 갔을 때, 밤에 출발했었잖아? 그럼 밤에도 소음이 들리겠네. 2번은 빼줘. 그냥 원래대로 6번 할게.

👩 다음 투명지에는 시장 위치가 그려져 있어.

👧 오! 집 주변에 시장이 있다면 물건 사러 가기 편할 것 같아. 6번 근처에 시장이 있어. 그럼 마지막 투명지는 뭐야?

👩 마지막 활동지는 공장과 기업들이 있어. 딸이 고른 6번에는 주위에 공장들이 많은데, 괜찮겠어?

👧 앗! 공장이 주변에 있으면 공기 별로 안 좋겠다. 별로인 거 같아.

👩 그러면 다시 한번 전체 투명지 겹쳐진 거 보고 한 번 골라봐.

👧 음… 다시 보니까 4번이 좋을 것 같아. 사실 학교는 없어도 나는 크게 불편하지 않을 것 같고, 대신 지하철도 있고, 병원도 가깝고, 도로도 있고, 강도 보이고, 그래서 4번이 제일 마음에 들어.

가상의 지도를 보며 집을 짓고 싶은 입지를 선택하는 체험을 해봤습니다. 혹시 지킴이들이 생각지 못한 곳에 집을 짓고 싶다는 아이들이 있었나요? 산속에 살고 싶다거나, 놀이공원 근처에 살고 싶어 할 수도 있습니다. 물론 이것 역시 개인의 취향이기 때문에 존중해줘야 합니다. 하지만 지킴이가 아이에게 조금 더 넓은 시야를 알려주고 싶다면, 아이가 원하는 위치가 아니라 많은 사람이 원하는 위치를 찾는 것으로 주제를 바꿀 수도 있습니다. 그러면 아이들은 '나'의 특수성보다 '사람들'의 보편성의 시각으로 바라보게 됩니다.

집은 우리 생활에 없어서는 안 될 필수적인 요소입니다. 삶에 있어서 주거안정이 보장되지 못하면 그 삶조차 안정되지 못합니다. 그렇기 때문에 어렸을 때부터 부동산에 대해 관심을 갖는 것은 의미가 있습니다. '내 집은 어디에 지을까?' 활동은 여기에 더해 부동산의 가치까지도 관심을 갖게 만들어줍니다. 이 활동은 아이들이 커서 부동산을 구매하거나 투자할 때 큰 도움이 될 것입니다.

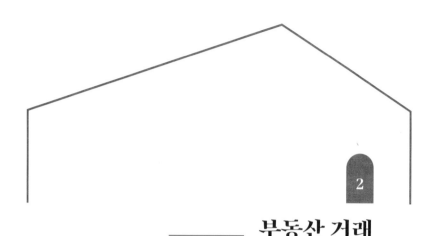

부동산 거래

아이가 커서 제일 먼저 접하게 되는 부동산 거래는 아마도 부동산(방, 오피스텔 등)을 빌리는 일일 것입니다. 대학생이나 직장인이 되어 자취를 한다면 방을 빌려 살게 될 것이며, 조금 더 나이가 들어 결혼할 때는 신혼집을 임차할 가능성이 큽니다.

이런 부동산 임대차를 미리 경험해보고 느끼고 배운다면 커서 부동산 거래를 할 때 도움이 됩니다. 그래서 지킴이와 아이가 함께 할 수 있는 부동산 빌리기 활동을 소개해보겠습니다.

우리 아이는 이미 부동산을 빌려서 살고 있습니다. 아마 자녀가 부동산을 빌려서 살고 있다고 하면 의아해할 것 같습니다. 하지만 아이는 자기 방을 지킴이로부터 빌려서 지내고 있습니다. 물론 무료입니다. 성인이 되기 전 아이가 부모의 집에 함께 사는 것은 당연한 것이며 그것은 아이의 권리이자 부모의 의무이기도 합니다. 그래서 둘 사이에는 어떠한 계약도 없고, 금전적 거래도 없이 자연스럽게 함께 사는 것이 성립합니다. 이렇게 자연스럽게 이루어지던 부동산 빌리기를 형식적으로 만들고자 합니다. 지킴이와 아이 사이에 계약서를 작성해보고, 무료로 사용하던 부동산을 홈페이를 통해 임대료를 내보기도 할 것입니다. 아이들은 이와 같은 경험을 통해 부동산 거래가 무엇이며, 어떤 방식으로 이루어지는지를 이해할 수 있습니다.

부동산 빌려보기

지킴이와 아이 사이에 제대로 된 부동산 임대차 계약을 위해서는 무엇보다 임대 계약서 작성 활동이 효과적입니다. 그렇다고 다짜고짜 아이에게 부동산 임대 계약서를 쓰자고 하면 아이는 왜 하는지, 무엇을 해야 하는지 이해 못 하고, 오히려 활동에 대한 거부감만 들 수 있습니다. 이 또한 아이와 대화를 통해 부동산 임대가 무엇인지, 왜 계약서를 작성해야 하는지를 이해할 수 있도록 도와주어야 합니다.

> 🧒 매주 기본임금을 받고 그중에서 200캔을 세금이랑 집세를 내고 있는 거 기억하고 있어?

👧 응, 당연하지. 내가 그거 낼 때 돈이 얼마나 아까운데.

👩 그래, 맞아. 세금 같은 건 사실 내려고 하면 내기 싫은 마음이 들긴 해. 그중에 집세를 내는 이유에 대해서 아빠가 얘기해준 거 기억나?

👧 응, 기억나. 지금 내방을 쓰고 있으니까 집세를 내는 거라고 했잖아.

👩 맞아, 잘 기억하고 있네. 이번에는 집세 내는 거 말고 임대차 계약서라는 걸 작성해볼 거야.

👧 임대차 계약서? 그게 뭐야?

👩 부동산을 빌려 쓸 때 주인이랑 빌리는 사람이 작성하는 계약서야.

👧 그냥 돈만 주면 되는 거 아니야? 그런 걸 왜 써?

👩 부동산은 엄청 가치 있는 재산인데, 주인이 들고 다니거나 금고에 보관할 수 없잖아.

👧 당연하지, 부동산은 엄청나게 크니까. 땅과 건물이니까.

👩 맞아! 그래서 누가 주인인지, 누가 빌려서 쓰고 있는지를 알 수가 없고, 언제까지 쓸 수 있는지를 정확하게 알기가 어려워. 그래서 문서로 정확하게 기록하고 잘 보관해둬야 해.

👧 임대 계약서도 그래서 쓰는 거야?

👩 물론 딸 방은 딸만 쓰고, 아빠는 딸 방을 절대 다른 사람들에게 빌려주지 않겠지만, 딸이 커서 자취를 하거나 전셋집을 구

하면 이런 계약서가 굉장히 중요해져. 그래서 미리 연습을 해 보는 거지.

🧑 응, 이제 왜 쓰는지 이해했어. 빨리 써보자.

임대 계약서를 쓰는 이유에 대해 아이와 충분한 대화를 나누었다면 임대차 계약서를 작성합니다.

다음과 같이 임대인에는 지킴이의 이름을, 임차인에는 아이의 이름을, 주소는 지금 살고 있는 주소를 적으면 됩니다. 임대 기간은 특별히 정해진 것은 없지만 처음에는 임대차 계약서의 의미를 조금 더 잘 살리기 위해서 기간을 짧게 두고 종종 계약서를 작성해 보는 것이 좋습니다. 저의 경우에는 처음에는 2주를 임대 기간으로 작성하였고, 충분히 임대차 계약서 쓰기 활동을 했다고 생각되었을 때 2년으로 연장하여 작성하였습니다.

이때 아이들이 알아두었을 때 도움이 될만한 부동산 관련 법에 대해서 덧붙여도 좋습니다. 전세계약 시 2년 만기로 계약을 하지만 세입자(빌리는 사람)가 원할 경우 2년을 더 연장할 수 있는 '전세계약갱신청구권'이라는 것도 있다는 것을 알려줄 수 있습니다. 그리고 세입자가 집주인에게 맡긴 전세보증금을 법으로 보호받기 위해서는 3가지 조건을 만족해야 하는데, 그 집에 실제 살고 있어야 하고, 동 주민센터에 전세계약서를 들고 가서 전입신고를 해야 하고, 동시에 주민센터에서 확정일자도 받아야 한다고 설명해줄 수 있습니다.

부동산 임대차 계약서를 작성해 봅시다.

임대차 계약서	
임대인(방 주인)	아빠
임차인(빌리는 사람)	○○○이
주소	대구시 ○○구 ○○동 ○○로○○길 1004동 1004호, 작은방
임대 기간	2021. 06. 14~2021. 06. 27
임대료	100캔
계약일	2021. 06. 12

※ 특약사항

※ 팁: 아이의 방과 관련하여 좋은 습관을 길러주기 위한 팁을 넣을 수 있습니다.

1. 내 방은 내가 스스로 정리

2. 내 방은 내가 스스로 청소

3. 방에 있는 물건들을 소중하게 다룬다.

임대인   ○ ○ ○(인)   임차인   ○ ○ ○(인)

아이와 임대차 계약을 할 때 특약사항도 적을 수 있습니다. 임대차 계약서를 쓴 만큼 아이에게 자기 방에 대한 책임감을 주는 방향으로 적으면 좋을 것 같습니다. 실제 부동산을 임대할 때에도 임대 기간 동안에는 부동산을 빌리는 사람의 자유를 최대한 보장해주기 때문에 집주인이 거의 간섭을 하지 않습니다. 하지만 그만큼 빌리는 사람에게 의무도 주어집니다. 그런 의미에서 아이에게 조금 더 책임감을 심어주는 방향으로 특약사항을 적어보기를 추천합니다.

부동산 매매 해보기

부동산 임대차 계약 활동을 경험하고, 아이가 자기의 방을 스스로 관리할 수 있는 능력을 갖추었다고 판단되면 부동산 매매 활동을 해볼 수 있습니다. 부동산 매매 활동은 지킴이도 이미 아시는 것처럼 부동산의 소유권을 다른 사람에게 넘기는 것입니다. 다시 말해 아이의 방에 대한 소유권이 지킴이에서 아이에게로 넘어가는 것입니다. 물론 부동산 매매 활동을 한 번 경험해보는 것에 의미를 두고 기간을 정해서 할 수도 있습니다. 하지만 이렇게 기간을 정하는 것은 부동산 임대 활동과 크게 다르지 않습니다. 그래서 아이에게 조금 더 실질적인 부동산 거래의 경험을 제공하고 싶다면 방 소유권을 이전하여 아이가 자기의 방을 진짜 자신의 소유로 느낄 수 있게 합니다.

다만 이렇게 소유권이 넘어가면 방 청소, 정리정돈, 인테리어에 대한 지킴이의 얘기를 아이는 큰 간섭으로 느끼기도 합니다. 그래서 부동산 소유권을 넘겼다면 동등한 입장에서 아이의 방에 대해 대화를 나눠야 합니다. 이러한 과정을 통해서 아이는 자기 방에 대해 책임감을 더 가질 것이며, 커진 자유와 책임을 통해 성장할 수 있습니다. 부동산 매매 활동은 아이가 충분히 책임감 있게 자기 방을 관리할 수 있다고 생각하는 지킴이에게 추천합니다.

부동산 매매를 하기 전 아이에게 부동산의 매매가 무엇인지, 그리고 부동산 매매를 통해서 어떤 책임감이 생기는지, 부동산 매매는 어떻게 진행되는지 알려줍니다.

🧑 딸, 이제 부동산 매매를 해 볼 거야.

👧 부동산 매매가 뭐야?

🧑 집주인이 다른 사람에게 자기 집을 파는 거야.

👧 그러면 우리는 어떻게 부동산 매매를 해?

🧑 이제 네 방을 빌리는 게 아니라 직접 사는 거지.

👧 그러면 이제 내 방이 진짜 내 방이 되는 거야?

🧑 그렇지.

👧 그러면 이제 내 방을 마음대로 할 수 있는 거야?

🧑 그렇지! 그래도 딸이 방에서 쾌적하게 지내고, 공부도 잘하려면 아빠, 엄마 도움이 필요하니까 대신 같이 얘기를 많이 할 거야.

😊 내가 어떤 도움이 필요해?

😊 정리정돈이 어려울 때 도움이 필요하고, 나중에 지금 있는 것 말고 다른 책상이나 의자, 책장이나 옷장 같은 가구가 필요할 수도 있지.

😊 아, 맞네. 이제 알겠어. 그러면 부동산 매매 어떻게 하는지 가르쳐 줘.

😊 우선 아빠랑 같이 부동산 매매 계약서를 쓸 거야. 그리고 나서 딸이 아빠한테 돈을 주면 돼.

😊 얼마나 줘야 해?

😊 홈페이로 5,000캔이야.

😊 5,000캔? 나는 지금 그만큼 돈이 없는데 어떡해?

😊 그러면 부족한 돈은 우리집 은행에서 빌리고 다달이 조금씩 갚으면 돼.

😊 그러고 나서는 어떻게 하면 돼?

😊 매매 계약서도 작성하고, 돈도 냈으면 부동산 등기 장부에 기록하면 돼.

😊 부동산 등기 장부는 뭐야?

😊 부동산은 들고 다닐 수 없기 때문에 누가 주인인지 알 수가 없어. 그래서 등기 장부를 만들어서 누가 지금 주인인지 확실히 기록하는 거야.

부동산 매매에 대해 충분히 대화를 나누었다면 실제 활동으로 아래와 같이 부동산 매매 계약서를 작성합니다.

활동 5-4-① : 부록 p.75

부동산 매매 계약서를 작성해 봅시다.

부동산 매매 계약서	
매도인(파는 사람)	아빠
매수인(사는 사람)	○○이
주소	대구시 ○○구 ○○동 ○○로○○길 1004동 1004호, 작은방
매매가격	5,000캔
계약일	2021. 10. 26

※ 특약사항

※ 거래 완료 후 관공서에 부동산 등록을 하고, 취득세를 내야 한다.

※ 매도인이 계약을 취소하고 싶을 때 : 매도인은 매수인에게 계약금의 배액을 지급한다.

※ 매수인이 계약을 취소하고 싶을 때 : 매수인은 계약금을 포기한다.

1. 방 정리는 항상 스스로 한다.

2. 내 방을 항상 아끼고 사랑한다.

매도인   ○ ○ ○(인)   매수인   ○ ○ ○(인)

실제 부동산 매매 계약을 할 때는 잔금을 언제까지 지급하는지, 부동산 물건에 문제가 생겼을 때 어떻게 하는지 등과 같은 것을 특약사항에 기록합니다. 하지만 아이와 함께 부동산 매매 계약을 할 때는 지킴이의 걱정을 아이에게 진솔하게 얘기하고 그것과 관련된 내용을 적으면 좋습니다. 그렇지 않고 부동산 소유권이 넘어간 이후에 지킴이의 걱정이 현실로 드러나는 경우 말로 표현하면 잔소리가 되고, 표현하지 않고 담아두면 속병이 듭니다.

저는 아이 방의 청결 문제나 가구를 바꿀 경우, 어떻게 할지 고민이 되어서 몇 가지 특약사항을 적었습니다. 지킴이도 아이와 문제가 될 만한 것들을 생각해보고 작성하길 바랍니다.

이제 부동산 매매 계약서가 작성되었다면 아이는 지킴이에게 매매 가격만큼 돈을 지불해야 합니다. 이때 아이가 돈이 부족할 경우 '우리 집 은행'에서 대출을 받을 수 있습니다. 제 딸은 2,000캔이 모자라 우리집 은행에서 2,000캔을 대출받았습니다. 그리고 매주 기본임금 500캔 중 100캔을 대출금의 원금으로 10캔을 대출에 대한 이자로 은행에 갚기로 하였습니다.

물론 원금만 분할해서 갚도록 할 수도 있지만, 경제의 기본 원칙인 '세상에 공짜 점심은 없다.'를 가르치기 위해서 조금의 이자라도 내도록 하였습니다. 그리고 돈을 빌릴 때에는 반드시 그에 대한 대가가 있다는 것을 설명하여 납득할 수 있도록 하였습니다. 이렇게 부동산을 구매하기 위해 돈까지 지불했다면 이번에는 부동산 등기 장부에 기록하는 활동을 합니다.

활동 5-5-① : 부록 p.76

부동산 주소	대구시 00구 00동 00로00길 1004동 1004호, 작은방	
등기목적	등기날짜	권리자 및 기타사항
소유권보존	2019년 **월 **일	소유자 OOO 19**년 **월 **일생 대구시 00구 00동 00로00길 1004동 1004호
소유권이전	2021년 **월 **일	소유자 OOO 20**년 **월 **일생 대구시 00구 00동 00로00길 1004동 1004호

위와 같이 등기 장부를 작성하면서 우리 집의 등기부등본을 살펴보고 아이에게 등기 장부를 기록하는 이유에 대해 얘기를 해주면 아이가 부동산에 대한 개념을 이해하는 데 많은 도움이 됩니다.

지킴이가 필요하다 느낄 때에는 부동산 등기 활동을 할 때 취득세도 만들어 아이가 지출하도록 안내할 수도 있습니다. 취득세는 현실처럼 부동산 가격의 1~3% 정도의 수준으로 정할 수 있습니다. 사실 취득세의 비율을 얼마로 할지보다 왜 취득세를 내야 하는지 설명해주는 것이 더 중요합니다. 취득세는 나라의 중요한 세금 중 하나로 이렇게 모인 돈으로 각종 도로 및 공공건물을 짓고 도움이 필요한 사람들에게 복지서비스를 제공한다는 것을 아이에게 설명해주면서 아이가 취득세 납부를 당연하게 받아들이도록 지도할 수 있습니다.

머니샘이 전하는 <부동산> 이야기

 ### 어릴 때부터 부동산과 친해지자

부동산에 관심 없는 사람이 없을 정도로 우리나라 사람들은 부동산에 관심이 정말 많습니다. 인간이 살아가는데 꼭 필요한 요소를 얘기할 때 의식주를 빼놓을 수 없는 것처럼 부동산은 우리 삶과 떼려야 뗄 수 없습니다. 그렇기에 부동산에 대한 관심은 너무나 당연한 것입니다. 이렇게 부동산이 중요함에도 불구하고 아이들이 부동산을 배울 수 있는 기회는 턱없이 부족합니다. 자신이 원하는 집의 모습과 위치를 꿈꿔보고 부동산의 가치는 무엇으로 결정되는지 어릴 때부터 고민한다면 남다른 부동산 안목을 가질 수 있을 것입니다.

 ### 부동산의 개념을 알게 하자

부동산은 덩치가 클 뿐만 아니라 휴대나 이동이 불가능합니다. 그래서 주인이 누구인지 특별히 기록할 필요가 있습니다. 특히 공신력 있는 기관에서 복잡한 절차에 따라서 소유자를 확인하고 기록하고 있습니다. 이 과정에서 계약서도 필요하고, 등기, 소유권, 취득세 등 다양한 부동산 개념이 등장합니다. 앞서 소개한 부동산 활동을 통해 이런 복잡한 부동산 개념을 조금씩 이해한다면 우리 아이들이 성인이 되어서도 큰 도움이 될 것입니다.

건물주가 아닌 드리머가 되게 하자

부동산 공부의 이유가 건물주가 되는 것일 수도 있습니다. 부동산 투자를 통해 건물주가 되고 매달 들어오는 임대료로 편안하고 행복한 삶을 꿈꿀 수 있습니다. 하지만 건물주는 열심히 살아온 내 노력에 대한 보상이지 그것이 삶의 목표가 되는 것은 생각해 볼 필요가 있습니다. 건물주가 삶의 목표가 된 아이들에게 있어 삶의 의미는 돈을 많이 버는 것, 편안하게 사는 것에 한정될 수 있습니다. 아이와 부동산 공부를 할 때는 자신의 시간과 노력으로 모은 소중한 돈을 잘 지키고 불리기 위한 하나의 방법으로 다루었으면 합니다.

홀로 모든 것을 이루어 낼 수는 없다.
주변에 있는 사람들을 부자로 만들어야 당신도 부자가 될 수 있다.

앤드류 카네기_ 기업인 겸 자선사업가

가치

같이! 가치!
가장 아름다운 지출

PART
6

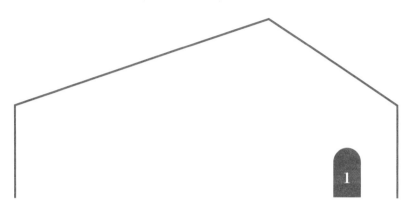

——— 기부는 우리 곁에 있다

지킴이들이 바라는 아이들의 모습을 상상해보았습니다. 공부를 똑 부러지게 잘하는 아이, 활기차고 명랑해서 춤이든 운동이든 잘하는 건강한 아이, 그리고 앞서 배운 지킴이표 경제놀이를 즐겁게 하며 돈 공부를 쏙쏙 잘 배우는 아이가 떠오릅니다. 그게 끝은 아니죠? 네, 우리가 바라는 아이의 모습 중 하나는 '따뜻한 사람'이 되는 것이라는 생각이 듭니다. 당연히 내 것도 챙기지 못하면서 퍼주기만 하는 그런 모습 말고요. 내 것을 챙기면서 이웃, 친구, 그리고 세상도 이롭게 하는 그런 사람 말입니다. 그런데 모두 이롭게 하는 것이 경제교육에서 가능한 이야기일까요? 네, 가능합니다. 경제교육은 인성교육과도 맞닿아 있습니다. 제가 경제교육을 진행하면서 고민하는 것 중 하나는 돈에 대해 잘 아는 것보다 아이들을 따뜻한 마음을 지닌 자산가로 키우는 방법이었습니다. 그런 고민을 이번 장에서 소개하려고 합니다. 꼭 전하고 싶은 점은 올바른 삶의 태도를 가진 아이가 돈도 잘 벌고 관리도 잘한다는 것입니다. 사람의 됨됨이와 경제를 대하는 태도는 같은 타래로 엮어집니다.

올바른 삶의 태도를 가지고 세상 사람들과 나누고, 또 환경과 윤리, 가치까지 배울 수 있는 방법을 제시하겠습니다. '환경과 가치라니 어려운 거 아닌가?'라는 고민이 든다면 지금까지 해 오던 대로 이번 파트 또한 가볍게 읽어보시길 바랍니다. 그리고 모든 실천을 욕심내지 말고 길을 지나가다 생각나면 한 마디, 또 쇼핑하다 생각나면 한 마디. 그렇게 밭에 씨앗을 심듯 자녀에게 톡톡 던져주기만 해도 충분합니다. 이제 우리 함께 씨앗 심으러 가보겠습니다.

기부, 왜 해야 할까요?

내 삶과 모두를 위한 경제교육의 첫 번째 방법으로 '기부'를 지킴이에게 소개하겠습니다. 기부에 대해서 생각을 나누기 위해서는 먼저 기부가 왜 세상에 필요한지 기부의 중요성과 아름다움에 대해 이해하는 시간을 가져야 합니다. 들려오는 여러 가지 미담을 떠올리며 무조건 좋은 것이라고 이야기해 줄 수도 있습니다.

하지만 지킴이표 교육에서의 포인트는 '바로 옆'입니다. 남의 이야기가 아니라, 우리 이야기를 다루어야 아이들은 더 관심을 두게 됩니다. 다른 사람들의 모습을 보기 전에 먼저 우리 지킴이들의 기부에 대한 솔직한 생각은 어떤지 알아보겠습니다.

지킴이 생각노트

아래에 지킴이의 생각을 적어 봅시다.

Q1. '기부와 나눔' 하면 어떤 말들이 떠오르나요?

Q2. 나와 관련된 기부 사례가 있나요?

Q3. 기부는 왜 해야 할까요?

저는 '기부와 나눔' 하면 어릴 적 재미있게 보았던 TV 프로그램 두 가지가 생각납니다. 그것은 바로 MBC의 '느낌표'라는 프로그램과 KBS의 '체험 삶의 현장'입니다. 사람들이 약속을 지키거나 책 읽는 모습을 보면 더 큰 선행으로 선물을 주던 장면 때문에 교통법규를 더 잘 지키고 느낌표에서 선정된 도서를 읽어보기도 했습니다. 또 하루 동

안 열심히 일해서 번 돈을 흔쾌히 이웃들과 나누는 모습을 보면서 나도 나중에는 저 흰 페가수스를 타고 하트에 돈을 넣어보고 싶다는 생각을 하기도 했습니다. 그리고 기부는 꼭 돈으로만 이루어지는 것이 아니라, 봉사활동이나 재능을 나누는 것, 안 쓰는 물건을 필요한 사람에게 전하는 것도 포함됩니다. 이렇듯 기부는 '공유'하는 마음입니다.

그 마음을 아이에게 전달해 보세요. 거창하지 않아도 됩니다. 제가 겪었던 기부와 관련된 작은 경험담 몇 가지를 소개하겠습니다. 어린 시절 저는 우유팩에 동전을 채워서 학교에 냈던 기억이 있습니다. 그때 반 학생 모두가 모은 동전은 왜 이렇게 많았는지... 셀 수 없을 만큼 큰돈이 되는 걸 보고 놀랍기도 하고, 이 돈이 어디로 갈지 정말 궁금했습니다. 또 성당이나 교회, 사찰에 있는 기부함에 주머니 속 동전을 넣어보기도 했습니다. 어린 시절의 저는 왜 그렇게 인색했는지, 지폐와 500원은 꼭꼭 숨겨놓고 100원이나 10원짜리만 내놓으며 착한일을 했다는 기분을 만끽했었습니다.

꼭 돈이 들어가지 않더라도 어린 시절 겪은 호의에 대해서 이야기해 볼 수도 있습니다. 우리의 어린 시절에는 정을 나누는 문화가 대단했습니다. 물론 지금도 그렇지만. 어린 시절 부모님의 퇴근이 늦어지면 옆집에 가서 라면을 얻어먹기도 하고, 반찬을 만들면 앞집, 옆집, 뒷집에 나눠주기도 했습니다. 이런 따뜻한 기억 때문인지 저는 기부와 나눔에 대해 긍정적인 생각을 하고 있습니다.

기부나 공유하는 마음을 주제로 추억을 꺼내 보니 생각보다 말할 것이 많지요? 이런 추억 꾸러미들을 꺼내 기부에 대해 솔직한 이야기를 아이와 나누어 보세요. 아이들은 지금과 다른 시대의 모습에 신기하기도 하고, 지킴이들의 추억을 듣게 되어 대화가 즐겁습니다.

이번에는 아이에게 기부와 나눔에 대한 일들이 있었는지도 물어봅니다. 지킴이가 겪지 못했던 다른 모습의 기부 이야기가 나올지도 모릅니다. 예를 들어 학교에서 희망편지쓰기를 한다거나, 알뜰 바자회에서 나온 수익금을 기부금으로 냈다는 이야기들 말이죠. 친구에게 맛있는 사탕을 사준 이야기도 좋고, 또 길을 걷다 도움이 필요한 사람을 도운 이야기도 좋습니다. 아이들의 이야기를 귀담아듣고, 그때의 기분과 느낌에 대해서도 이야기를 나눕니다. 이렇게 이야기를 나눈 후에 '그런데 왜 기부를 해야 할까?'하고 질문하면 아이들의 생생한 생각들이 쏟아져 나옵니다.

 '왜 기부를 해야할까?' 에 대한 아이들의 대답

– 가난한 사람들을 도와주어야 하기 때문입니다.
– 내가 앞으로 도움을 받을 수도 있습니다.
– 기부를 하면 남을 도와줬다는 생각 때문에 기분이 좋아집니다.
– 사실 기부를 하기 싫지만 선생님과 부모님이 좋다고 해서 억지로 하게 되었습니다.
– 세상에 도움을 나도 받고 있기 때문에 나누기도 해야 해요.
– 기부를 하는 사람은 좋은 사람이고, 나도 좋은 사람이 되고 싶기 때문입니다.

- 누군가는 돈이 많기 때문에 다른 사람들에게 좀 나눠주어야 공평합니다.
- 길거리에서 본 사람들이 너무 불쌍하기 때문에 주고 싶었습니다.
- 사실 기부는 부자가 하는 것이고, 내가 하기에는 내 돈이 아깝습니다.
- 기부를 하면 세상이 더 좋아지기 때문입니다.
- 기부를 하고 받는 기부증서가 뭔가 뿌듯해요.
- 기부를 하면 세금 혜택이 있다고 어른들께서 말씀하셨어요.
- 기부를 하면 유명해질 수도 있어요.
- 다른 사람들이 칭찬해 줍니다.

이처럼 기부를 하는 이유는 사람마다 다르고 다양합니다. 의외로 감정적인 호소만으로 이뤄지는 것도 아닙니다. 모두 다 좋은 생각입니다. 세부적으로는 더 다양한 의견들이 있겠지만, 큰 맥락만 따졌을 때 지킴이의 생각도 아이들의 생각과 비슷할 것입니다.

이렇게 착한 마음씨를 표현하는 아이들을 꼭 안아주며 따뜻한 생각을 해서 대견하다고 이야기해 주세요. 아이가 인색한 모습을 보이더라도 너무 나무라지 말고 '앞으로 용돈(홈페이)에서 조금씩 기부를 해보자!'라고 권유해 보길 바랍니다. 기부를 경험해보면 나눔에 대한 인식이 긍정적으로 바뀔 수도 있으니까요. 나눔에 있어서 자발적인 의사로 대가를 바라지 않는 마음이 가장 중요합니다.

기부는 왜 해야 할까요? 경제교육을 할 때 생각해야 할 두 가지가 있습니다. 기부하는 이유에서도 그 생각이 적용됩니다. 첫째 세상은 모두 연결되어 있다는 것입니다. 예를 들어, 옷은 터키의 한 아이가 양털을 깎으면서 시작됩니다. 그 양털로 인도의 한 노동자는 실을 뽑아 냅니다. 그 실은 베트남의 어느 가정에서 옷으로 만들어지고, 미국에서 상표를 붙여 배를 타고 우리나라로 건너옵니다. 그 사이 트럭을 타고, 검수를 받고, 판매원의 손을 거쳐 매장에 전시됩니다. 그리고 최종 소비자인 나는 돈을 지불하여 옷을 구매합니다. 그 돈은 각 노동자에게 정당하게 배분될 것입니다. 우리는 쉽게 옷을 구매했지만, 옷이 만들어지는 과정은 많은 사람으로 복잡하게 연결되어 있습니다. 이렇게 우리가 지불한 돈은 다른 누군가의 삶과 연관되어 있습니다. 지금 하는 소비나 기부는 세상 누군가에게 생존과 배움이라는 새로운 기회를 줄 수도 있습니다. 이것이 기부의 이유입니다. 내가 입고 있는 옷은 어떤 과정을 통해 내게 왔는지, 그 속에서 불공정한 노동 착취는 없었는지 생각해 봐야 합니다.

두 번째는 돈은 흐른다는 것입니다. 이처럼 세상은 연결되어 있는데, 그 연결 고리에 돈이 흐르면 경제는 더 활기를 띱니다. 만 원을 기부함으로써 어떤 일이 벌어지는지 예를 들어보겠습니다. 만 원을 한 아이에게 기부했습니다. 아이는 그 만 원을 어디에 쓸지 생각 끝에 시장에서 쌀을 삽니다. 쌀가게 주인은 받은 돈으로 아이의 공책을 몇 권 샀습니다. 문구점 주인은 공책이 많이 팔려 추가 주문을 넣습니다. 추가 주문을 받은 공책 공장에서는 더 많은 양의 공책을 생산하기 위해 직원을 더 뽑게 됩니다. 과장된 예시이긴 하지만 지킴이 모두가 기부한다면 이보다도 더 큰 파급력을 가지게 될 것입니다. 이렇게 적은 돈과 물건만을 기부하더라도 세상은 활기차고 살맛 나는 세상이 됩니다.

오늘도 세상의 곳곳에서 따뜻한 소식이 들려옵니다. 최근에는 카카오 설립자인 김범수 의장이 "나의 롤모델은 빌 게이츠"라며 5조 원의 거액을 기부한 사례가 있습니다. 거액의 기부는 아니지만 따뜻한 사례는 우리 주변 곳곳에 있습니다. 군 생활 동안 월급을 모아서 저소득층 아동에게 전액 기부한 전역병 이야기, 아이 셋을 키우는 부부가 아이들의 안전을 위해 손 소독제를 아동복지협회에 후원한 이야기, 폐지를 팔아 모은 돈을 대학에 기부한 할머니의 이야기, 그리고 초등학생 시절부터 꾸준히 기부를 이어 온 얼굴 없는 천사 이야기 등은 우리에게 희망을 주고 있습니다. 우리 아이들과 지킴이도 이 살맛 나는 세상에 함께 했으면 합니다.

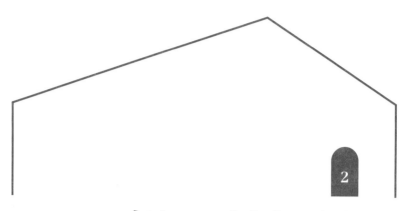

용돈으로 기부하는 방법,
'기부, 용기내!'

앞에서 기부가 무엇인지 왜 필요한지 알아봤습니다. 지금부터는 기부금을 어떻게 모을지, 또 어디에 기부할 수 있는지 알아보려고 합니다. 세상에는 다양한 기부처가 있습니다. 소개하는 곳 말고도 좋은 곳이 많겠지만 아이들과 함께 활동하고 기부하기에 좋은 곳들을 소개하겠습니다. 다음의 활동들은 그냥 돈만 내고 끝나는 기부가 아닌 경제교육에 도움이 되도록 구성했습니다. 바로 '기부, 용기내!'. 이제까지 아끼고 모아온 소중한 아이의 홈페이를 가치있게 쓸 수 있도록 도와보겠습니다.

STEP 1: 홈페이로 기부금을 모으자!

STEP 2: 소중하게 모은 용돈, 귀중하게 기부할 곳을 찾아보자!

STEP 3: 내 주변에 소문 내기! 기부는 칭찬받을 일이에요!

STEP 1. 용돈(홈페이)으로 기부금을 모으자!

일단 홈페이를 받으면 일부를 기부금으로 모아두어야 합니다. 눈에 보이는 곳에 〈기부박스〉를 만듭니다. 기부박스는 재활용품을 사용하여 만들고 기부할 곳이 정해지면 기부박스 앞면에 기부할 곳의 사진을 붙입니다.

먼저 지킴이표 경제교육에서 매주 받는 홈페이를 일정 비율로 나눕니다. 이렇게 돈을 나누는 습관은 어른이 되었을 때 건전한 재무 습관으로 이어집니다. 기부금 비율은 10% 정도를 제안합니다. 소중하게 모아온 돈인 만큼, 기부할 때의 성취감은 그 이상이 될 수 있습니다. 아이가 〈기부박스〉에 돈을 모으면, 언제 얼마를 넣었는지, 그때의 기분은 어땠는지 적어봅니다.

지킴이는 이런 아이의 따뜻한 마음에 날개를 달아줄 수 있습니다. 아이가 기부하는 만큼 지킴이도 기부금을 더해주는 것입니다. 아이는 기부금이 배로 모여 돈 모으는 재미도 있고, 가족과 함께 나눔을 실천하니 기쁜 마음도 두 배가 됩니다.

아이가 활동적이고 남 앞에 서는 것을 두려워하지 않는 성향이라면 사회운동으로 확장할 수도 있습니다. 기부하고 싶어 하는 주제를 잡아 캠페인을 열어보는 것입니다. 주제를 설정하고, 어디에 어떻게 왜 기부하고 싶은지 설명하는 포스터와 기부함, 그리고 결과를 전달할 수 있도록 메일이나 연락처를 적을 수 있는 공책을 준비합니다. 그리고 사람이 많이 다니는 곳에 캠페인 부스를 반나절 정도 열어보는 거죠. 이런 활동의 경우 이웃들에게 신뢰를 얻으려면 투명하게 운영해야 합니다. 실제로 큰돈이 모이지 않을 수 있지만, 이런 프로젝트를 구성해서 사람들에게 알린다는 것 자체는 아주 큰 경험입니다. 이 활동의 경우 마음 맞는 친구들과 함께하면 더 큰 용기를 얻을 수 있습니다. 대신 모이는 돈에 대해서는 책임감을 가지고, 끝까지 계획을 실천해 정직하게 기부한 결과를 피드백하여야 합니다.

용돈을 모으는 방법뿐만 아니라 노인 시설에 찾아가 재롱잔치와 같은 재능 기부를 하는 방법도 있습니다. 또는 우리 집의 안 쓰는 물건을 중고장터에 팔아 기부하는 방법, 장난감이나 옷을 기부하는 방법, 머리카락을 길러서 기부하는 방법, 또 블로그에 글을 쓰고 100원씩 모으는 방법 등 기부하는 방법은 아주 다양합니다.

STEP 2. 소중하게 모은 내 홈페이,
귀중하게 기부할 곳을 찾아보자!

가장 먼저 추천하는 곳은 우리 지역의 이웃을 돕는 것입니다. 주변 이웃을 도와준다면 바로 그 기쁨을 체감할 수 있습니다. 돈 쓴 곳에 마음 간다는 이야기 들어보셨나요? 내가 살고 있는 우리 동네에 기부를 한다면 내 지역에 대해 좀 더 궁금해집니다. 이렇게 우리 동네에 대한 애향심도 길러줄 수 있습니다. 주변 이웃에게 직접 기부를 하는 경우, 혹여나 실례가 되는 행동으로 여겨질 수 있으니 행정복지센터나 주변 파출소 등 공공기관을 통해 취지를 말해주며 기부를 합니다. 예를 들어 '마스크가 필요한 이웃에게 마스크를 주고 싶다.'고 이야기하거나 편지를 남기는 것이죠. 이러한 기부 활동은 제 3자가 칭찬을 해주기 때문에 쑥스럽기도 하지만 기쁨도 큽니다. 확실하게 도왔다는 생각을 할 수 있습니다.

다음으로는 인터넷 공간을 활용해보는 것입니다. 몇 곳의 기부처와 추천 이유를 소개합니다. 인터넷을 활용하면 더 많은 기부처를 찾을 수 있습니다. 그리고 모든 기부처는 연말정산 때 공제를 받을 수 있어서 세금 혜택까지 일석이조의 효과를 누릴 수 있습니다.

기부처	추천 이유
해피빈 (naver.com) **카카오 같이 가치** (kakao.com) – 사람들의 다양한 사연을 소개하고, 펀딩 방식으로 이어주는 공간입니다. 네이버와 다음카카오에서 운영하여 신뢰도가 높습니다.	1) 기부가 필요한 곳의 '사연'을 읽을 수 있습니다. 2) 기부할 곳이 다양해서 우리가 사연을 읽어보고 원하는 곳을 고를 수 있습니다. 이 과정에서 아이가 특히 관심 있는 주제를 파악할 수 있습니다. 지킴이와 대화를 통해 세상의 다양한 어려움에 대해서 알아갈 수 있습니다. 3) 댓글을 보면 100원부터 시작하는 소액 기부가 아주 많습니다. 다른 사람들의 소액 기부를 보면 기부가 부담스럽지 않게 다가옵니다. 이런 적은 돈이 모여서 큰돈이 되는 것을 확인할 수 있습니다. 4) 해피빈의 경우 블로그나 카페에 글을 쓰면 하루에 100원에 해당하는 1콩을 줍니다. 이런 콩들은 기부가 가능합니다. 아이의 블로그를 개설한다면 온라인에 자신의 공간이 생기고 일기나 정리하는 글도 쓸 수 있으며 기부금도 마련할 수 있습니다.
아름다운 가게 (beautifulstore.org) – 재사용, 나눔의 대표적인 공간입니다. 모두가 함께하는 나눔과 순환을 실천하고 있습니다.	1) 옷뿐만 아니라, 갖가지 물품을 기부할 수 있습니다. 후원과 사회참여를 할 수 있습니다. *유의사항 기부하기 위한 물건은 '다른 사람도 기쁘게 쓸 수 있고, 나는 안 쓰지만 다른 사람에게 필요할 물건'을 보내야 합니다. 매년 뉴스를 보면 물품 기부를 받는 곳으로 쓰레기를 보내거나 형편없는 물건들을 보내와 마음 아파하고 있습니다.

아름다운 가게 (beautifulstore.org)	2) 집안 정리의 기회입니다! 우리 집을 차지하는 안 쓰는 물건들을 골라내고, 기부도 하고! 일석이조의 효과가 있습니다. 3) 물건을 기부하는 경우도 기부영수증이 발급됩니다.
옷캔 (otcan.org) – 무분별하게 버려지는 옷에게 새 기회를 주자! 의류 자원 순환을 노력하고 있습니다. 기부된 옷은 이 옷이 필요한 국내와 해외 사람들에게 전달됩니다.	1) 아름다운 가게에 비해 받아주는 물품의 기준이 적은 편입니다. 저는 매년 계절이 바뀔 때마다 옷캔 기부를 하고 있습니다. 장롱 속에 오랫동안 안 입었던 옷들을 기부해보세요. 옷 정리와 기부를 한꺼번에 할 수 있습니다. 2) 가정에서 분류작업과 같은 봉사활동을 할 수도 있습니다. 옷캔의 경우 집에서 봉사활동이 이루어지므로 참여하는 방법이 쉽습니다. 3) 매달 우리가 기부한 옷이 어떻게 쓰였는지 후기 보고서를 보냅니다. 기부한 후 톡이나 문자로 전달이 되는데, 아이들과 함께 기부 후기를 읽으면 기쁘겠지요?
코끼리공장 (kogongjang.com) – 고장난 장난감을 고쳐주는 장난감 수리단과 함께 시작. 체험, 놀이공간 대관도 함께 하고 있습니다.	1) 소중한 장난감을 오래 쓸 수 있어서 의미 있습니다. 고장난 로봇, 자동차 장난감을 방문하면 고칠 수 있습니다.(아쉽지만, 천 장난감을 수선해주는 공간은 아닙니다. 또 부품이 부러진 것은 고칠 수 없다네요.) 2) 지킴이 가족이 더는 사용하지 않는 장난감을 기부하면, 고쳐서 취약계층 아동에게 전달됩니다. 3) 장난감 순환 활동으로, 사용할 수 없는 장난감을 분해하여 업사이클링 체험을 할 수 있습니다.

코끼리공장	코끼리 공장은 기부 활동뿐만 아니라 뒤이어 말씀드릴 녹색소비활동도 함께 있습니다.
어머나기부 어머나운동본부 (givehair.net) – 어린 소아암 환자들을 위한 머리카락 나눔 기부 단체입니다. 25cm 이상의 머리카락을 보내주면 됩니다.	1) 어쩌면 가장 정성스러운 기부입니다. 소중하게 기른 머리를 25cm 정도 길이가 되면 잘라서 기부하는데, 어린 소아암 환자를 위해 가발로 만드는 단체입니다. 어린 소아암 환자들은 머리카락을 자를 때 더 정서적으로 충격을 받는다고 해요. 가발은 수백만 원이나 하기 때문에, 어머나!는 아이들의 마음을 위해 기부를 받고 있습니다. 2) 아이들뿐만 아니라 어른들도 함께 참여할 수 있습니다. 남자아이들의 경우 아름다운 가치를 위해 머리카락을 길러볼 수 있고 생각의 전환에도 도움이 됩니다. 전이수 꼬마 동화작가의 경우도 소아암 환자를 위해서 머리를 기르고 기부를 했습니다. 여자아이들도 길렀던 머리를 싹둑! 자르는 것은 큰 결심이 필요합니다. 그런 큰 결정들을 경험하다 보면 앞으로 있을 더 큰 선택들에 대해 도전하는 힘을 기를 수 있습니다.

이렇게 기부를 '실천'해 보면 기부에 대한 생각이 달라집니다. 기부는 정말 다양한 공간에서 다양한 방법으로 이루어지고 있습니다. 위 방법이 아니더라도, 평소 아이가 무엇에 관심이 있는지 잘 살펴보고 그 주제에 대해서 기부나 봉사를 경험해 봅니다. 예를 들어 우리 아이가 길거리의 쓰레기에 관심이 있다면, 주말에 플로깅(조깅하면서 쓰레기를 줍는 운동)을 함께 할 수 있습니다. 또 여러 환경 단체의 인터넷 사

이트를 방문하여 후원할 수 있으며, 음악에 관심이 있다면 음악 후원 기관을 검색해서 음악을 선물해 줄 수도 있습니다. 기부할 곳을 정했다면 활동지에 기록해 둡니다.

삶에서 큰 행복 중 하나는 가치 있게 모은 내 돈을 소중하게 쓰는 방법에 대해 고민하고 실천하는 것입니다. 그냥 순간적인 마음에 기부하는 것도 좋은 일이지만, 기부에 대해 꼼꼼히 생각하고 실천하다 보면 내 마음과 생각이 깊어집니다. 그때 아이들이 느끼는 그 마음이 진정한 '기부하는 이유'가 되겠습니다.

STEP 3. 주변에 소문내기!
기부는 칭찬받을 일이에요!

기부는 칭찬받을 일입니다. 듬뿍 칭찬해주세요. 기부 후에는 기부한 기관이나 사이트에서 '기부증서'를 받을 수 있습니다. 기부증서는 상장처럼 생겨서 상을 받는 것 같은 느낌이 듭니다. 이 기부증서로 집에서 전달식을 해보세요. 교장선생님처럼 거창하게 읽어서 전달하고, 사진도 찍어 봅니다. 그리고 활동지에 적어두었던 소감을 발표하게 합니다.

이유있는 기부, 용기내!

| 활동지 예시

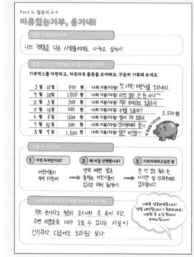

〈기부용기상〉 상장 도안 샘플 다운로드 ▲

지킴이에게도 미션이 있습니다. 기부를 실천하는 과정을 SNS에 자랑해보세요. 그리고 지킴이 가족끼리 챌린지를 해보세요? [#기부박스 #기부용기내 #경제지킴이]라고 함께 태그를 넣어 지킴이 가족들의 활동을 서로 응원해보는 것입니다. 서로 '좋아요'도 누르며 따뜻한 말도 주고받으면 의지가 되어 경제교육을 꾸준하게 실천할 수 있습니다. 지금 이 글을 읽고 있는 지킴이 가족 여러분! 함께 실천하고 응원하였으면 합니다.

출처 : 인스타그램 @_beautiful_store_

출처 : 인스타그램 @_hi_donggu

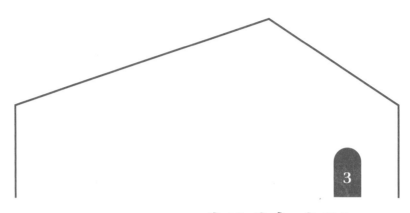

내 주변을 가꾸는 윤리적 소비

지구를 사랑하는 마음 '친환경소비'

친환경소비는 이미 실천하고 있다! 환경은 미래다

'친환경소비'라는 말이 이제는 생소하지 않으실 겁니다. 단어의 느낌처럼 지구 환경을 생각하는 행동과 소비들이 모두 친환경소비입니다. 친환경소비는 단지 녹색제품을 구매하는 것으로 끝나지 않고, 그 제품이 자연에서 분해되는 것까지 생각하는 일련의 행동입니다. 이미 지킴이 여러분도 잘 지키고 있습니다. 올바른 분리수거, 플라스틱 빨대를 덜 쓰려는 마음, 텀블러나 용기를 가지고 다니는 것, 또 장바구니를 들고 다니는 것 모두가 환경을 위한 행동이라고 생각하면 됩니다. 아이들과 함께 환경을 생각한 경제활동을 하기 전에, 먼저 지킴이의 생각을 정리해보겠습니다.

지킴이 생각노트

아래에 지킴이의 생각을 적어 봅시다.

Q1. 환경을 생각한 친환경소비는 왜 해야 할까요?

Q2. 우리 집에서는 어떤 친환경소비를 실천하고 있나요?

Q3. 이 중에서 아이들과 함께 할 수 있는 친환경소비 활동은 어떤 것이 있을까요?

역시 다양한 실천을 잘하고 계시네요! 친환경소비는 이제 선택이 아닌 필수입니다. 이런 실천은 많은 사람이 함께할 때 힘이 있습니다. 이런 흐름에 맞게 정부와 기업들도 다양한 방안들을 제시하고 있습니다. 올해 환경부는 녹색소비와 친환경소비를 생활화하기 위해 포장지를 줄인 제품들을 판매하는 '녹색특화매장'을 확산시키고, 또 녹색 인증을 적극적으로 한다고 합니다. 그리고 2021년부터 2025년까지

'제4차 녹색제품 구매촉진 기본계획'을 수립하여 시행하고 있습니다. 이 기본계획은 그린뉴딜, 탄소중립 등 정부의 다양한 정책환경변화에 발맞춰 국민들이 일상생활에서 녹색제품을 통해 친환경소비를 실천할 수 있는 방안을 다룹니다. 그중 몇 가지를 우리 지킴이에게 소개하겠습니다.

탄소 포인트제 https:// cpoint.or.kr/	환경부에서 운영하는 전국민대상 온실가스 감축 시민참여 프로그램입니다. 2년 전을 기준으로 집의 에너지 사용량을 줄인다면, 에코머니 또는 여러 가지 상품으로 보상해 줍니다. 인터넷으로 신청할 수 있으니 바로 가입해 볼까요?	탄소포인트제 홈페이지 바로가기
그린카드 에코머니 http://www. ecomoney. co.kr/	그린카드로 에코머니(마일리지)를 적립해보세요! 그린카드의 좋은 점 중 하나는, 〈그린카드 제휴 스티커〉가 있는 공공기관을 무료입장 할 수 있어요. 적립된 에코머니는 현금이나 포인트로도 바꿀 수 있습니다.	그린카드 에코머니 홈페이지 바로가기

녹색제품 안내 http://www. greenprod- uct.go.kr/	환경표지 제품	우수 재활용 (GR)제품	저탄소 인증 제품
	친환경 환경부	Good Recycled	CO2 탄소발자국 000g 환경부 ★ 저 탄 소 ★

녹색제품 안내 http://www. greenprod- uct.go.kr/	그린카드로 '녹색제품'을 구매하면 추가적인 포인트 얻을 수 있습니다. 녹색제품 안내 홈페이지에서 어떤 제품들이 녹색제품인지 알아볼 수도 있지만, 마트에서 파는 제품에도 라벨을 잘 살펴보시면 위 마크를 확인할 수 있습니다. 물건을 살 때 위 마크를 체크해 보세요!

그리고 기업들도 환경을 위해 라벨을 없앤 생수를 내놓는다거나 포장을 하지 않고 가져갈 수 있도록 만든 제로웨이스트* 샵과 리필스테이션**을 만들고 있습니다.

친환경소비는 당장 우리가 살아가는 환경에도 도움이 되지만, 무엇보다도 아이들에게 물려줄 미래 지구에 대한 책임이기도 합니다. 어릴 때 느껴보지 못한 이상기후 현상이 요즘은 너무나 자주 발생하고 있습니다. 역대급의 긴 장마, 잦은 태풍과 집중호우, 폭염과 열대야, 이상저온 현상 등 말입니다. 기후변화는 단순한 기후 현상이 아닌 생존의 문제가 되었습니다. 더는 미루지 않고 환경 지킴이가 되어야 하는 이유입니다. 이제부터 환경을 지키면서 할 수 있는 경제활동을 알아보겠습니다.

● 0+waste(쓰레기)! 즉, 쓰레기를 최소한으로 만드는 환경 운동
●● 샴푸, 세제, 화장품 등 제품을 사용한 후 그 용기를 가져가면 다시 내용물을 채워주는 곳

환경은 리사이클링, 창의력은 업사이클링!

환경을 생각한 경제교육에서 가장 중요한 포인트는 '확인하기, 적당히 줄이기, 다시쓰기'입니다. 지금까지는 자신을 위한 돈 관리, 투자, 창업, 나눔 등을 알아봤다면, 이제 환경까지 생각한 경제교육 방법을 제안합니다. 활동 미션을 성공하면 홈페이로 보상을 합니다.

[확인하기] 아이들과 함께 하는 환경제품 소비하기 미션!

마트에서 아이와 보물찾기를 해보도록 하겠습니다. 먼저 마트에 가기 전 구매 목록을 적습니다. 평소 아래 활동지를 냉장고에 붙여두고, 구매할 목록을 기록해두면 좋습니다. 미리 구매 목록을 작성해 놓으면 충동구매나 과소비를 줄일 수 있고, 쇼핑 시간도 줄일 수 있다는 것은 지킴이 모두 알고 계시죠? 활동지가 완성되었다면 장바구니를 챙겨서 마트로 출발합니다.

　이제 아이와 함께 친환경 제품을 구매합니다. 아이에게 사야 할 목록을 주고, 친환경 표시가 있는 제품 위주로 골라오게 합니다. 일종의 '보물찾기'입니다. 아이에게 가격, 디자인, 제품의 성분, 그런 중에 친환경 제품인지까지 따지는 선택과 구매의 기회를 준다면 생활 속의 훌륭한 가르침이 될 것입니다. 아이가 골라오는 제품은 큰 문제가 없는 한 구매합니다. 아이는 '내가 고른 것'이라는 생각으로 제품을 사용하면서 큰 애착과 관심을 두게 됩니다.

장바구니 체크리스트

 미션! 환경 제품 보물 찾기

- 무농약 쌀국수
- 슈가 버블 주방세제
- 두루마리 화장지
- ○○유기농 어린이 치즈
- ○○유기농 보리차
- ○○○딸기잼
- 친환경 대추 방울 토마토
- 유기농 플레인 요구르트

- 날짜 2021.10.08
- 구매처 ○○○마트
- 장바구니를 챙겨 주세요!
- 할인 쿠폰 있으면 꼭 챙기기

환경 제품 보물 힌트

[적당히 줄이기] 제로웨이스트! 함께 한 번 해볼까?

일회용품이나 과포장된 제품의 사용을 줄이는 것은 당연한 일입니다. 과포장된 제품은 가격을 높일 뿐입니다. 또 종이컵 등 일회용품을 사용하지 않는다면 굳이 구매하지 않아도 됩니다. 조금 불편할 수도 있지만, 우리 아이들이 살게 될 미래 지구 환경을 위해 '제로웨이스트'를 실천하였으면 합니다. 다음은 1일 1제로웨이스트 미션지입니다.

1일 1제로웨이스트 지킴 미션지! 30개의 도전 미션!

- 순서에 상관 없이 실천 한 것에는 동그라미로 표시합니다!

우리 가족이 하루 동안 쓴 쓰레기 한 곳에 모아보기	나무 젓가락 안쓰기	안쓰는 플러그 뽑기	재활용 쓰레기 씻어서 버리기	우리 집 친환경 물건 찾아보기	돈 안 쓰는 하루 실천하기	안 입는 옷 1벌 의류 수거함에 넣기
물통 (텀블러) 쓰기	배달음식 안 먹기	오늘 저녁 깨끗하게 다 먹기	빨대 안 쓰기	분리수거 해보기	일회용 물건 안 쓰기	물티슈 안쓰기 (걸레/행주/ 손수건 쓰고 빨아보기)
장바구니 들고 가기	있는 물건 더 사지 않기	길거리 쓰레기 5개 줍기	휴대폰 하루 사용하지 않기	학용품에 이름표 붙이기	택배 상자 테이프 다 떼고 펴서 버리기	소포장된 제품 구매하기
페트병 라벨 떼서 따로 버리기	환경인증 마크 제품 마트에서 찾아보기	가까운 곳 걸어가기	덜 쓴 공책 찾아내기	가족과 함께 냉장고 정리하기	냉장고 파먹기 (냉장고 속 음식 활용하기)	도서관 에서 환경책 한 권 빌려 읽기

- 30개를 모두 마치면 #경제지킴이 #환경지킴이 미션인증하기

- 미션 성공! 환경과 경제 두 마리 토끼를 다 잡은 우리 지킴이! 대단해요!

앞으로도 계속해서 지킬 것 한 가지를 골라봅니다.

나 —————— 은 앞으로도 환경과 경제를 생각하기 위해서 —————— 을 꼭 실천하겠습니다!

하루에 한 가지를 실천하면서, 습관이 되도록 노력합니다.

[다시 쓰기] 창의력도 업! 업사이클링

물건을 버리거나 재활용하기 전에 한 번 더 사용할 수 있을지 고민해보는 것은 좋은 경제교육이 될 수 있습니다. 기존의 버려지는 제품을 단순히 재활용하는 차원을 넘어서 디자인을 가미하는 등 새로운 가치를 창출하는 제품으로 재탄생하는 것을 '업사이클링'이라고 하는데, 아이들에게 업사이클링의 기회는 창의적인 아이디어를 제공하고, 어차피 버릴 물건이 한 번 더 사용되는 효과도 있습니다. 또한 '업사이클링'을 활용하여 돈을 버는 기업도 있습니다. 버려질 카시트 가죽을 사용해 가방이나 키링을 만드는 회사, 커피 캡슐 통을 화분으로 활용하는 사회적기업도 있습니다. 우리 아이의 아이디어가 대박 창업 아이템이 될지도 모를 일입니다. 아이의 아이디어를 활동지에 정리해보고, 직접 우리 집의 숨은 재료들을 찾아서 만들어보겠습니다. 이번 활동은 이면지를 활용해서 계획부터 리사이클링해 보세요!

업사이클링 전문가

이름 (   )

1) 우리 집에서 찾은 재료들

2) 어떻게 업사이클링 할까?
- 어디에 쓰는 물건이야?
- 디자인은? (그림으로 그려보자!)
- 그림에 설명을 좀 더 붙여줘~

3) 이 물건을 쓰면 좋은 점이 뭘까?

지역과 함께하는 마음 '로컬소비'

아.나.바.다? 중고나라? 요즘은 당근!

지킴이로서 아이에게 경제교육을 하는 것은 단순히 부자로 키우려는 마음만 있을까요? 그것보다는 다양한 경험을 할 수 있는 자유, 그리고 주변 이웃과 함께 행복한 마음을 나누는 삶의 여유를 갖기 위함일 것입니다. 함께 나누는 마음을 실천하는 방법은 멀리 있지도 않고 어렵지도 않습니다. 함께 따뜻한 부자로 살아가는 방법을 고민해 보겠습니다.

1997년 IMF 외환위기 이후 사람들은 경제 상황이 어려워져 자연스럽게 아껴쓰고, 나눠쓰는 것에 관심을 가지게 되었습니다. 대표적으로 학교에서 또 뉴스에서 정말 많이 보고 들었던 '아나바다 운동'이 있습니다. '아껴쓰고, 나눠쓰고, 바꿔쓰고, 다시쓰자!'는 이 '아나바다 운동'은 여전히 지역의 행사로 이어져 오고 있습니다. 아나바다 운동은 친환경적일 뿐만 아니라, 지역 경제를 살리기도 했습니다.

　　그런데 이 '아나바다 운동' 어딘지 익숙하지 않나요? 경제에서도 유행이라는 게 있는데 얼마 전까지 플랙스(flex)를 외치더니, 요즘은 여기저기서 '당근'을 외치고 있습니다. 예전에는 중고매매가 '아나바다'나 '벼룩시장' 같은 오프라인 형태로 이루어지다가, 지금은 온라인으로 옮겨와 24시간 활짝 열려 있습니다. 그리고 동네 주민을 대상으로 팔고 사는데 편리함을 더해 지역 경제를 활성화하고 있습니다.

1990년에도 아나바다가?	어린이 벼룩시장(플리마켓)도 있다!

출처: 광주 YMCA 홈페이지	출처: NEWSIS 뉴스

당근마켓, 1억 2000만 명 연결

당근마켓은 전국 6577개 지역에서 1억 2천만 나눔과 소통의 연결을 통해 21세기형 동네 생활의 모습을 그려내고 있다. '재난지원금 여기서 사용하세요' 캠페인을 통해 모르고 지나쳤던 동네 가게 이용을 장려하고, 가게 운영이 어려워진 동네 소상공인에게 따뜻한 응원 메세지를 전하는 '소상공인의 날' 기념 캠페인을 전개하는 등 골목 상권에 힘을 불어넣었다.

온라인 중고장터는 알뜰한 지킴이라면 더욱 반가울 거라 생각합니다. '아나바다'의 생각은 결국 미니멀리즘과 비슷합니다. 소중한 물건은 아껴쓰고, 사용하지 않거나 남는 것은 나눠쓰고, 지역 사람들과 바꾸어 쓰기도 합니다. 이러한 마음가짐은 자본주의에서 오는 초조한 마음을 조금은 편안하게 해줍니다. 그리고 함께 아껴쓰고 나누면서 소소한 뿌듯함을 선사하기도 합니다. 이런 기분 좋은 뿌듯함을 지킴이 활동을 통해 실천해 보겠습니다.

방구석에서 찾아낸 보물들

이번 활동은 정말 탐험가가 보물을 발굴하는 기분이 들 것입니다. 그리고 이번 기회에 집에 있는 안 쓰는 물건을 '싹 다' 정리하면서 새봄이 된 듯한 산뜻함을 느껴보겠습니다. 일단 보물을 찾아내려면 정리가 필수입니다. 집안 전체를 정리하면 좋겠지만 무리하지 않고 아이 방부터 해보겠습니다. 방 정리를 위해서는 남길 물건과 팔 물건, 버릴 물건을 분류해야 합니다. 지킴이가 도와주는 건 좋지만 절대 다 해주지 말아야 합니다. 모든 판단과 행동은 아이에게 맡겨야 '선택'을 할 수 있게 되고, 자립심을 기를 수 있습니다. 이 과정이 아이에게는 존중으로 다가옵니다.

하나하나 살펴볼까요? 아이 방에 가득 찬 물건은 장난감(인형), 문구류, 책(공책, 동화책 등), 옷 정도가 있을 것입니다. 이것들을 하나씩 주제별로 정리해 보겠습니다. 마음을 단단히 먹어야 하는 일이지만, 한 번에 너무 무리하지 마세요!

아이들이 하는 모든 정리는 〈다 꺼내기〉가 첫 시작이다!

일단 창문을 열고, 아이 방 탐험을 시작해보겠습니다. 장난감(인형), 문구류, 책(공책, 동화책), 옷 중에서 오늘은 무엇을 정리할지 주제를 아이에게 정하게 합니다. 정리 순서는 비슷하기 때문에 다른 주제들도 똑같이 정리하면 됩니다. 예시로 장난감을 해보겠습니다. 먼저 집에 있는 모든 장난감을 꺼내어 바닥에 모아둡니다. 그리고 아이와 함께 장난감을 두었던 장소들을 청소합니다. 산처럼 쌓인 장난감, 서랍 곳곳에서 나오는 먼지를 보면 아이는 깜짝 놀랄 것입니다. 아마 이 정

도 하는 데 한 시간쯤 걸릴 것 같습니다. 시원한 물 한 잔 마시면서 평
소에 얼마나 많은 물건을 쓰지도 않고 가지고 있었는지 반성하며 이
야기를 나눕니다.

〈보관/보류/나누기/버리기〉상자에 나눠 담기

다음으로 큰 상자 네 개를 준비하고, 상자의 옆면이나 보이는 곳에 매
직으로 보관(소중히 쓰기), 보류(일주일만 더 고민하기), 나누기(팔거나 기
부하기), 버리기라고 씁니다. 네 가지로 구분하는 기준을 아래에 제시
하였습니다. 꼭 이 기준으로 할 필요는 없습니다. 각 가정의 상황에
따라 정할 수 있습니다.

보관(소중히 쓰기) → 다시 서랍에 정리	• 내가 자주 쓰나요? 내가 일주일에 한 번은 쓰는 물건 • 나에게 소중해서 잃어버리면 찾게 되는 물건 • 추억이 많이 있는 물건
보류(일주일만 더 고민하기) → 1주일 후 보관/ 나누기로 구분 하기	• 잘 쓰지는 않지만 남을 주거나 버리기는 아까운 물건 • 1주일의 고민 기간 동안 내가 이 물건을 찾게 되거나 쓰게 되면 보관으로 이동! 안 찾거나 안 쓰게 되면 나 누기로 이동!
나누기(팔거나 기부 하기) → 당근마켓에 올리기 → 포장하여 기부 택배 보내기	• 안 쓰는 물건 중 남들이 쓸 수 있을 것 같은 것 • 사용감이 크게 드러나지 않는 것 • 내 나이에 맞지 않거나, 이미 다양한 종류가 있는 것 • 새 상품이지만 사고 난 뒤 잊은 것(사실 필요 없는 물건) • 지난 1년 동안 쓴 적이 한 번도 없는 것

버리기 → 분해/조립해보기 → 쓰레기로 버리기	• 고장난 것, 해진 것, 늘어나거나 오염되는 등 크게 훼손된 것 • 아무도 쓰고 싶지 않은 것 • 다쓴 펜, 낡은 문구류

〈나누기〉 상자 속 물건 팔아보기

상자에 물건을 구분해서 담았다면 예전보다 훨씬 쾌적해진 아이 방을 볼 수 있습니다. 개운하시죠? 포기하지 않고 잘 따라 준 아이에게 칭찬해주세요. 보관하기 상자의 물건은 원래 자리에 잘 돌려놓고 보류하기 상자 속 물건은 일주일의 기간이 지난 후, 보관 상자나 나누기 상자로 구분해 정리합니다.

이제 본격적으로 〈나누기〉 상자 속 물건을 처리해볼까요? 먼저 기부하는 방법이 있는데, 기부하는 방법의 경우 전에 말씀드린 것처럼 상자째로 포장하여 아름다운 가게, 코끼리공장 등에 보내거나 주변의 필요한 이웃들에게 나누어줍니다. 약간의 사용감이 있더라도 누군가에게 필요한 물건이라면 분명 따뜻한 정으로 이어질 것입니다.

이번에는 '당근마켓' 어플을 이용하여 팔아볼까요? 요즘은 아이들이 부모보다 훨씬 스마트폰을 잘 다룹니다. 당근마켓 비서가 되었다고 생각하고, 거래는 아이에게 맡겨보세요. 조금만 익히면 금방 잘 해냅니다. 가격은 검색을 통해 시세를 확인하고 적정한 가격을 올릴 수도 있고, 어렵다면 500원, 1,000원에 팔아도 좋습니다. 무엇이든 아이가 정한 가격으로 팔 수 있도록 합니다. 너무 높은 가격을 제시했다면 오랫동안 안 팔릴 것이고, 이후에 가격을 내리는 등 나름의 전략을 세울 것입니다. 지킴이들은 그냥 아이들이 '안전하게' 거래하는지 옆에서 지켜봐 줍니다. 그리고 거래가 이루어졌다면 함께 나가 거래를 완료합니다.

이렇게 벌게 된 돈은 아이의 용돈으로 인정합니다. 스스로 어렵게 번 돈이니만큼 기부를 하면 좋겠지만, 강요는 하지 않습니다. 다만 편의점이나 문구점에서 헛되이 사용하지 않도록 합니다.

〈버리기〉상자 속 물건 끝까지 우려먹기

물건을 끝까지 우려먹는다는 말, 리사이클링과 업사이클링을 해본 지킴이는 이미 무슨 말인지 알 것입니다. 이번 활동은 특히 아이들의 창의력을 위해 추천하는 활동이기도 합니다. 버릴 것은 확실히 버려야 합니다. 하지만 버리기 전에, 딱 한 번만 더 쓰고 버렸으면 합니다.

- **고장 난 장난감** : 장난감을 분해해서 구조를 살펴봐요. 가능하다면 다시 원래 모습으로 조립하는 것도 도전해 봅니다. 고장 난 원인이 무엇인지 생각해보고 찾아보면서 고쳐봅니다. 분해된 조각들을 다른 모습으로 바꾸어 결합해 보는 것도 재미있는 활동이 될 것 같네요.

- **많이 해진 옷, 구멍 난 양말** : 바느질 연습하기에 아주 좋아요. 구멍을 실로 기워보기도 하고, 여러 가지 천을 덧대 붙여보기도 합니다. 해진 옷을 이용해 인형 옷으로 만들어보기도 하고 티셔츠를 길게 잘라 러그를 만들 수도 있습니다.

- **다 쓴 공책, 더 이상 보지 않는 잡지 :** 사진과 글을 오려서 새로운 미술 활동을 할 수 있어요. 다이어리나 폰 케이스 꾸미기도 가능합니다. 다 쓴 공책이나 사진으로 콜라주나 모자이크를 만들어 보는 것은 어떨까요?

머니샘이 전하는 <가치> 이야기

 좋은 경제교육을 하면 인성교육이 함께 된다

많은 사람이 경제교육과 인성교육은 별개로 생각합니다. '경제'라는 이미지에는 계산적인 것, 이성적인 것, 돈을 우선하는 것 등 차가운 인상이 있다면, '인성'이라는 이미지에는 그 반대로 나누는 것, 감성적인 것, 예의 바른 것 등 따뜻한 인상이 떠오릅니다. 하지만 올바른 경제교육을 위해서 빠져서는 안되는 것이 바로 인성교육입니다. 아니, 인성교육과 경제교육을 따로 분리할 필요도 없습니다. 경제교육을 하면서 인성교육을 함께 가져갈 수 있으니까요!

지킴이가 생각하는 바른 경제 습관은 어떤 것들이 있는지 떠올려 보세요. 돈 아끼기, 돈을 성실하게 모으기, 필요한 곳에 돈을 잘 쓰기, 헤프게 쓰지 않고 소중하게 돈을 생각하기, 베풀기, 좋은 투자 방법을 생각하고 공부하기, 세상의 경제 흐름 꼼꼼하게 살피기, 미래에 대해 생각하는 힘 갖기…. 맞습니다. 이러한 바른 경제습관에는 결국 인성과 관련되어 있습니다. 한 번 살펴볼까요?

　돈을 아끼고 성실하게 모으기 위해서는 절제하는 마음이 필요합니다. 당장 갖고 싶은 것을 참아 내어 더 소중한 것을 얻는 인내력을 기를 수 있습니다. 또 투자와 필요한 곳에 돈을 잘 쓰기 위해서는 나만의 가치 판단이 필요합니다. 스스로 소중한 가치를 생각해서 판단기준을 정하고, 고민하는 것에서 정직함도 더불어 배웁니다. 남에게 베풀기는 말 할 것도 없죠? 결국 경제교육은 '돈의 좋은 주인'이 되는 방법을 배우는 과정입니다.

내가 행복하기 위해서는 내 주변도 행복해야 한다

삶의 목적이 결국 행복에 있다는 사실에 대해 공감하시나요? 대부분의 사람들은 '행복'이라는 키워드를 마음 속에 품고 있습니다. 행복이란 다양한 정의가 있겠지만, 최근의 트렌드는 '각자가 생각하는 편안함'입니다. 주관적 안녕감(subjective well-being)이라고 이야기합니다. 누군가에게는 프로젝트에서의 성공이, 누군가에게는 가족과 함께 하는 웃음이, 또 누군가에게는 포근한 침대가 행복이 될 수 있기에 모두가 다 다른 관점을 가집니다. 안녕감은 늘 자극적인 쾌락보다 평소 생활에 대한 편안함, 그리고 만족감이 있는 상태를 말하는 것입니다. 우리는 늘 주변에 이야기하지요. '안녕하세요!'

　그렇다면 행복은 어떻게 경제를 통해 우리에게 찾아오는 것일까요? 일단, 편안한 행복을 위해서는 당연히 어느 정도 안정된 생활이 되어야 합니다. 경제적 여유가 있고 행복감을 느끼는 사람들이 더욱 사람들을 잘 돕는다는 연구도 있습니다. 그래서 일찍이 경제 공부를 해야 합니다. 그리고 동시에, 내가 행복하기 위해서는 나뿐만 아니라 내 주변과 내 환경도 '안녕'해야 나도 '안녕'할 수 있음을 알아야 합니다.

　우리 모두 가치를 생각해야 하고, 평소에 조금이라도 실천하는 문화가 형성되어야 합니다. 우리가 서로 가치를 생각하며 조금씩 나누는 모습들이 전 사회적으로 이루어진다면 서로를 존중하는 문화, 돕는 문화가 자연스러워지겠죠. 그렇게 서로가 도와줄 것이라고 믿는 사회에서는 서로를 믿기 때문에 사회 불안감(스트레스)이 전체적으로 낮아지게 됩니다. 우리 세대에서는 '노력'해야 하는 일이지만, 아이들 세대에서는 '당연한' 일이 될 수 있도록 우리가 도와야 아이들의 미래는 서로가 서로를 더 믿고 의지하는 행복한 사회가 될 수 있습니다. 우리 아이들이 살아갈 행복한 세상을 우리 모두의 작은 나눔으로 실천할 수 있는데, 우리가 지켜줘야 하지 않을까요?

지금 바로,
함께,
경제교육 시작해요!

어느덧 지킴이와 헤어질 시간이 되었습니다. 먼저 자녀의 경제교육을 위해 노력하고, 많은 지킴이표 활동을 해낸 것에 박수를 보냅니다. 더불어 나만을 위한 경제가 아닌 상생의 경제활동까지 진행해봤습니다. 길다면 긴 활동이었고, 앞으로도 꾸준히 실천하면 더없이 좋은 활동들입니다. 아이를 위해 이 책을 펴게 된 지킴이의 첫 마음을 믿고, 저희가 제시한 활동을 실천해 본다면 아이들에게 경제와 금융이 더는 낯설지는 않을 것입니다. 이런 노력이 하나하나 모여, 내 아이의 경제 관념을 올바르게 할 수 있고, 더 나아가 우리나라의 경제까지 지킬 수 있는 것입니다.

다시, 첫 마음으로 돌아가 '왜 아이에게 경제 공부를 가르쳐야 하는가?'를 한 번 고민해 보겠습니다. 돈과 관련된 경험을 되돌아보면 우리는 후회와 반성을 더 많이 하며 살고 있습니다. 그때 그 주식을 살 걸, 팔 걸. 그때 집을 어디에 사뒀어야 했는데. 그 보험은 들지말 걸. 지금 이 물건 사고 보니 별로 안 쓰네. 저 창업 아이디어 내가 먼저 생각했었는데 아쉽다. 로또된 사람이 너무 부럽다. 이런 나의 구시렁거리는 소리에 아이가 묻습니다.

"왜 그때 그 선택을 안 했어?"

여러 가지 사정이 있고, 넉넉하지 않은 주머니 사정을 고민하느라 그랬던 것도 같지만, 사실 가장 진솔한 답은 '경제를 잘 몰랐어.'였습니다. 심지어 저는 어릴 적에 부모님의 돈 관련 후회를 들었을 때도 똑같은 질문을 했었습니다. 그때 부모님께서 하신 대답은, '지금은 늦었어.' 였지요.

여러분, 그때가 늦었을까요? 안정적인 주식으로 불리는 삼성전자로만 비교해도 답은 명확합니다. 부모님이 늦었다고 말씀하셨던 때를 10년 전으로 잡아도, 삼성 주가와 오늘날의 주가를 당장 비교해 보면 그때도 안 늦었다는 것을 알 수 있습니다. 그렇다면, 지금의 10년 뒤를 그려보며 빠른 판단을 할 수 있어야 한다는 건 너무나 명확한 문제입니다.

경제교육의 중요성을 이야기하는 사람들 모두가 입을 모아서 경제 공부는 빠르면 빠를수록 좋다고 이야기합니다. 왜냐하면 돈은 복리의 마법을 부리기 때문에, 일찍 시작하고 실행하는 사람이 더 큰 돈을 가질 수 있기 때문입니다.

하지만 문제는 어린 시절부터 경제 공부를 시작해야 하고, 경제교육이 중요한 건 아는데, 배워본 적이 없어 어떻게 알려줄지 모른다는 것입니다. 이 답답한 마음은 결국 아이가 공부만 잘하면 된다는 생각으로 합리화합니다. 공부를 잘하면 적어도 사회에서 안정적인 직장을 얻고 평온하게 살아갈 것이라 느끼기 때문이죠. 그렇기에 우리는 국어, 영어, 수학 공부를 강조하며 아이들을 몰아갑니다. 어른의 기준에서 이 과목들이 유명 대학의 입시와 직결되니까요.

그렇다면 아이들이 유명 대학에 가야 하는 이유는 뭘까요? 결국 아이들이 잘 먹고 잘 살았으면 하는 마음 때문입니다. 나보다는 좋은 환경에서 훌륭한 사람이 되기를 바라는 기대와 내가 겪었던 후회를 겪지 않도록 인생에서 예방주사를 놓아주고 싶은 지킴이의 마음을 이해합니다. 하지만 결국, 국영수 공부만큼이나 어쩌면 더 필요한 공부는 먹고 살아가는 모든 것과 직접적으로 관련된 '경제'입니다. 경제교육에 있어서 이른 때란 없습니다. 지금 바로, 아이에게 경제를 가르쳐야 합니다.

세상에는 어른을 위한 경제나 금융 책은 읽지 못할 정도로 무수히 많습니다. 심지어 실전 투자법이니 100억 부자되기 하면서 무작정 따라하라며 구체적인 방법을 알려주는 책까지 있습니다. 더불어 아이들을 위한 경제 동화나 지식 책도 많이 있고, 어떤 가치를 가르쳐야 하는지 좋은 말들을 모은 책도 많습니다. 하지만, '어떻게 가르칠 수 있는가?'에 대한 명확한 답을 주는 책은 찾아보기 힘듭니다.

이 책은 궁극적으로 우리 아이들이 경제금융지식을 쌓는 것뿐만 아니라 돈에 대한 지혜와 자신만의 바른 가치관을 가르칠 수 있도록 구성했습니다. 그리고 제시한 활동을 실천하는 과정에서 아이와 지킴이의 금융이해력이 많이 향상되었을 것이라 기대합니다. 이런 활동들이 흥미롭기도 하지만 다른 한편으로는 실천하기 쉽지 않았을 것입니다. 특히 지킴이들은 책도 꼼꼼히 살펴야 하고 부족한 금융지식도 공부하며 아이를 이끌어야 했기 때문에 더 힘들었을 것입니다. 그렇지만 이 과정을 통해 지킴이 스스로 더욱 풍부한 경제금융지식을 쌓을 수 있는 계기가 되었을 것입니다.

이제 책을 덮고 지킴이의 솔직한 '경제' 이야기를 아이와 나누어보세요. 이전의 돈이 주제가 되어 오가는 대화와는 다른 대화가 이어질 것이라고 확신합니다. 그리고 이 책을 출발점으로 우리 아이들이 돈의 노예가 아닌 돈의 주인으로 더 풍요롭고 자유로운 삶을 살 수 있는 어른으로 성장하기를 바랍니다.

우리 아이 첫 돈 공부

초판 1쇄 발행 2021년 9월 27일
초판 2쇄 발행 2021년 10월 15일

지은이 이은주, 천상희, 김성훈, 최인걸, 경제금융교육연구회

펴낸이 최남식
외부스태프 전현영, 조민서
마케팅 김지권, 한고은, 신수경
제 작 전건호

펴낸곳 오리진하우스
출판등록 2010년 3월 23일 제409-251002010000087호
주 소 경기도 김포시 김포한강10로133번길 127, 디원시티지식산업센터 518호(구래동)
전 화 02-335-6612 **팩 스** 0303-3440-6612
이메일 originhouse@naver.com
포스트 post.naver.com/originhouse
블로그 blog.naver.com/originhouse

값 18,000원ⓒ2021, 이은주, 천상희, 김성훈, 최인걸&오리진하우스
ISBN 979-11-88128-25-9 13370: ₩18000

• 오리진하우스는 독자 여러분의 원고 투고를 기다리고 있습니다.
 원고가 있으신 분은 originhouse@naver.com으로 간단한 개요와 취지, 연락처 등을 보내 주세요.

자녀에게 물려 줄
최고의 유산이 있다면
그것은 바로
경제적 자립심입니다!

티끌을 모아 태산을 만드는 방법을 알려주는 것과 함께
티끌을 모으는 '습관'을 길러줘야 합니다.

우리 아이의
경제적 자유를 위한
체험식 경제·금융 홈스쿨링

별책
부록

우리 아이
첫
돈 공부

활동지

오리진하우스
ORIGIN HOUSE

내 아이의
경제적 자유를 위한
체험식 경제·금융 홈스쿨링

우리 아이
첫
돈 공부

활동지

오리진하우스
ORIGIN HOUSE

우리집 화폐 만들기

1 다음 천 원권을 보고 화폐에는 무엇이 들어가야 하는지 찾아봅시다.

숫자	인물 그림	은행명	일련번호	금액
•	•	•	•	•

2 위에서 살펴본 화폐를 참고하여 우리집 화폐를 만들어 봅시다.

우리집 화폐의 단위는 무엇으로 하고 싶은가요?	
화폐 단위	
이유	

우리집 화폐 속에 넣을 그림의 주제를 정하고 그려 봅시다.

그림의 주제	
실제 그림	

3 단위 크기가 10, 50, 100, 500, 1000인 화폐를 아래에 그려 봅시다.

▲ 〈우리집 화폐 만들기〉 화폐 도안 샘플 다운로드

4 완성한 우리집 화폐를 사진으로 찍거나 스캔하여 인쇄한 후 사용해 봅시다.

한글 문서 프로그램에서 여백 없이 가로형 A4를 6등분하고, 칸마다 사진을 넣어 인쇄하면 됩니다.
이때 컬러 인쇄를 해도 좋지만, 색지에 흑백으로 인쇄해도 좋습니다.
화폐 종류마다 다른 색의 색지로 인쇄하면 돈의 구별이 쉽습니다.
인쇄가 힘들다면 위에 그린 그림과 달리 간단한 숫자만 직접 적어 사용해도 좋습니다.

지킴이의 수입과 지출

1 지킴이의 수입을 적어 봅시다.

구분	내용
수입	

2 지킴이의 지출을 마인드맵으로 그려 봅시다.

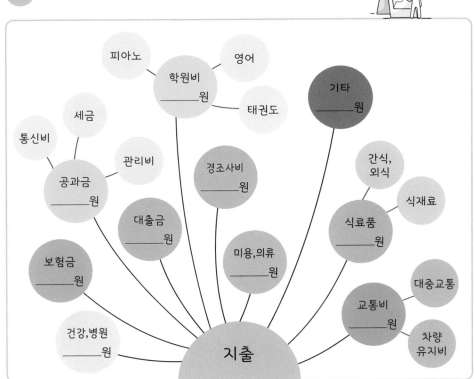

3 지킴이의 수입과 지출을 보고 아이가 느낀 소감을 적어 봅시다.

용돈기입장 쓰기

1 용돈기입장을 쓰기 전 규칙을 정해 봅시다.

 규칙 1.

 규칙 2.

 규칙 3.

 규칙 4.

 규칙 5.

저는 위의 규칙을 잘 지킬 것을 맹세합니다.

이름   (인)

※ 규칙 쓰기 팁
아이에게 길러주고 싶은 습관을 규칙으로 만들어 보세요.

2 용돈기입장을 적어 봅시다.

날짜	내용	들어온 돈	나간 돈	남은 돈
	합계			

지출한 것을 되돌아보고 반성과 다짐을 해 봅시다.

반성	다짐

날짜	내용	들어온 돈	나간 돈	남은 돈
	합계			

▶ 금융소비자정보 포털
〈파인〉용돈기입장
다운로드 바로가기

용돈기입장을 쓰는 습관은 돈을 다룰 수 있는 능력을 기르는데 매우 중요합니다.
용돈기입장을 전부 사용하였으면 직접 만들거나 구매하여 꾸준히 적어보세요.

우리집 가게 운영하기 ①

1 우리집 가게에서 판매하고 싶은 과자를 조사하여 정해 봅시다.

과자이름	1봉 가격	열량	나트륨	콜레스테롤	구매여부

2 우리집 가게에서 판매할 과자를 고른 후 판매 가격을 정해 봅시다.

과자이름	일주일 소비량 예상	판매 가격(홈페이)

3 우리집 가게 이용 규칙을 정해 봅시다.

우리집가게 이용 규칙

1)

2)

3)

4)

5)

6)

위의 규칙을 반드시 지키겠습니다.

이름　　　　　　(인),　　　　　　(인)

우리집 가게 혜택권

1 우리집 가게에서 판매할 혜택권을 만들어 봅시다.

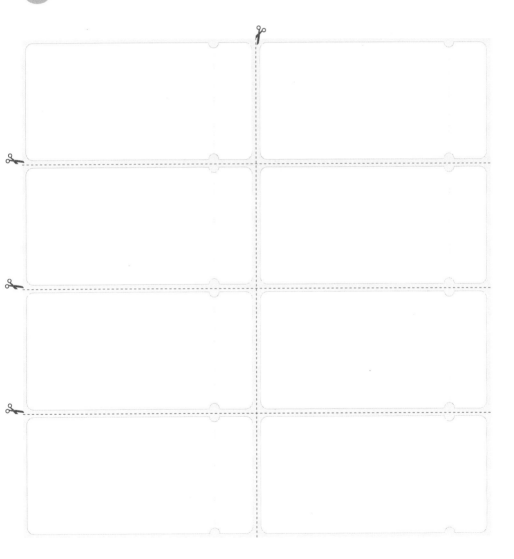

2 빈 종이를 이용해 더 많은 혜택권을 만들어 우리집 가게에서 판매해 봅시다.

우리집 가게 운영하기 ②

1 우리집 가게 운영을 위한 예산서를 작성해 봅시다.

들어올 돈			나갈 돈			
순서	내용	금액	순서	내용	금액	구매처
	합계			합계		

2 우리집 가게에서 물건을 팔 때마다 장부에 기록해 봅시다.

날짜	구입한 사람	내용	개수	판매 비용	총 매출

날짜	구입한 사람	내용	개수	판매 비용	총 매출

3 지금까지 판매한 물건의 판매량과 판매액을 정리해 봅시다.

순서	물건 이름	판매량	판매액
	전체 판매액		

4 전체 판매액 대비 각 물건의 판매액을 비교하는 막대그래프를 완성해 봅시다.

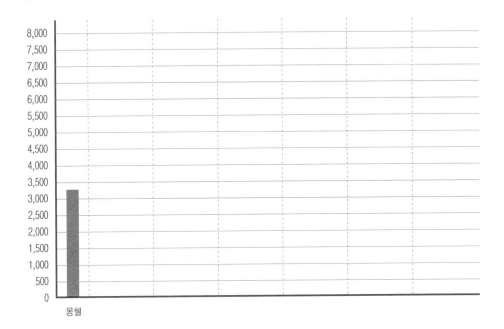

5 우리집 가게에서 판매된 물건의 판매량과 판매액을 통해 알게된 점과 느낀 점을 적어 봅시다.

알게된 점	느낀 점

6 우리집 가게에서 판매되는 물건의 재고를 관리해 봅시다.

순	과자 혹은 혜택권	재고량 (.)	재고량 (.)	재고량 (.)	재고량 (.)	재고량 (.)	재고량 (.)	재고량 (.)
1								
2								
3								
4								
5								
6								
7								
8								
9								
10								
11								
12								
13								
14								
15								
16								
17								

우리 가족의 저축 계획

DATE.

☆ ☆ ☆ ☆ ☆

1 우리 가족이 갖고 싶은 것, 꿈꾸는 것들을 적어봅시다.

우리 가족이 꿈꾸는 것들과 목표를 적어봅시다.

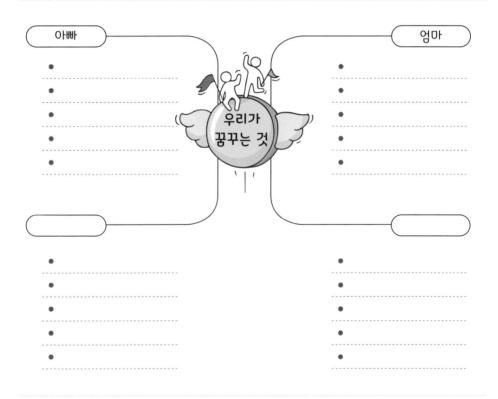

아빠

엄마

우리가 꿈꾸는 것

은행 체험하기

1 자녀 통장 만들기

- 지킴이 신분증, 주민 등록 등본, 도장을 가지고 지킴이와 함께 은행에 가서
  예금 가입 신청서를 작성합니다. 자녀 이름으로 된 도장이 없을 때는 지킴이
  도장을 가져가도 됩니다.

- 신청서에 이름, 주소, 주민 등록 번호 등을 적은 후 저금할 돈, 지킴이 신분증,
  주민 등록 등본, 도장을 신청서와 함께 제출합니다.

- 은행원의 안내에 따라 숫자 네 자리로 이루어진 비밀번호를 기계에
  입력합니다. 비밀번호는 남들이 쉽게 알아내지 못하도록 연속된 숫자나
  생년월일 등은 피하는 것이 좋습니다.

- 통장을 받은 후에는 이름과 돈의 액수를 확인합니다.

2 인터넷 뱅킹과 전자 통장 신청하기

- 인터넷뱅킹을 이용하기 위해서는 몇 가지 준비가 더 필요합니다. 기본 증명서
  (상세), 가족관계증명서(상세), 부모님 신분증, 도장, 통장 등을 가지고 가야
  인터넷뱅킹을 신청할 수 있습니다.

- 최근에는 종이 통장뿐만 아니라 전자 통장을 사용하기도 합니다. 전자 통장은
  일반적으로 한 장의 카드로 발급받습니다. 전자 통장은 은행에서 만든 모든
  통장을 한 장의 카드로 관리할 수 있다는 점에서
  편리합니다. 예를 들면, 보통예금 통장과 적금
  통장을 만들었다면 한 장의 카드에 두 통장의
  정보를 담아 사용할 수 있습니다.

3 체크 카드 만들기(만 12세 이상)

- 본인 확인 서류: 청소년증, 여권, 학생증 중 택 1
- 법정대리인 필요 서류: 법정대리인 동의서, 기본증명서(상세),
  가족관계증명서(상세) 또는 주민등록등본(주민번호 뒷자리까지),
  신분증(증명서류는 3개월 이내 발급분)

구분	만 12세~13세	만 14세 이상	만 18세 이상
보호자 보증	지킴이와 함께 해야 해요!	단독 발급 가능	
필요 서류	자녀 신분증 보호자 신분증 자녀 기준 기본증명서(상세) 자녀 기준 가족관계증명서(상세) 자녀 도장(서명거래불가)	자녀 신분증(주민등록증/여권/학생증/청소년증) 주민등록초본(주민등록번호 모두 체크) 자녀 도장 또는 서명	
사용 한도	1회 한도: 3만 원 1일 한도: 3만 원 월 한도: 30만 원 후불교통한도: 월 5만 원	법정대리인의 한도 상향 요청 있을 경우 상향 가능 1회 한도: 없음 1일 한도: 100만 원 월 한도: 500만 원 (후불 교통 한도 5만원 제외)	후불 교통한도: 5만 원도 상향 가능

※ 은행별로 조금씩 차이가 있으니 방문 전에 확인해 보세요.
※ 카드 고릴라(www.card-gorilla.com)를 통해서 카드 상품 비교 가능

4 지킴이와 함께 통장 개설 시 필요한 내용 미리 만들어 보세요.

사인 또는 도장 모양 그리기	
나만의 비밀번호는 어떻게 만들까? (4자리 숫자)	
가까운 은행은 어디가 있을까?	
은행은 몇 시부터 몇 시까지 운영할까?	
주변의 ATM은 어디에 있을까?	
어떤 통장을 만들까?	
어떤 체크 카드를 만들까?	

우리집 은행 세우기

1 은행이 하는 일을 우리집 은행에서는 어떻게 할 수 있을지 적어 봅시다.

은행이 하는 일	우리집 은행에서 하는 일
입출금 업무	
대출 업무	
보관 업무	
공과금 수납 업무	
환전 업무	

2 우리집 은행에서 복리의 마법을 누려 보도록 합니다.

- 홈페이를 통해서 복리의 효과를 체험해볼 수 있도록 합니다.
  통장을 2개 개설하도록 합니다.
- 단리 통장에 1000홈페이를 입금하고, 원금에 대한 이자만 지급합니다.
- 복리 통장에 1000홈페이를 입금하고, 매주 10%씩 원금과 이자에 대한 이자를
  지급합니다.(단, 일의 자리까지 나타냅니다.)

  예) 1주 1000에 대한 이자 100, 2주 1100에 대한 이자 110

일반 통장	목표(금액			/용도			)						
기간	월	주	월	주	월	주	월	주	월	주	월	주	월	주
통장 잔액														
기간	월	주	월	주	월	주	월	주	월	주	월	주	월	주
통장 잔액														
기간	월	주	월	주	월	주	월	주	월	주	월	주	월	주
통장 잔액														

복리 통장	목표(금액			/용도			)						
기간	월	주	월	주	월	주	월	주	월	주	월	주	월	주
통장 잔액														
기간	월	주	월	주	월	주	월	주	월	주	월	주	월	주
통장 잔액														
기간	월	주	월	주	월	주	월	주	월	주	월	주	월	주
통장 잔액														

· 매월 마지막 주의 통장 잔액을 예상해봅시다.

· 수입과 지출을 생각하며 각 통장에 저축할 금액을 나누어 봅시다.

· 통장의 첫 줄에 목표 금액과 용도를 적어봅시다.

3 용돈을 어떻게 줄 것인지 계약서를 작성해 봅니다.

- 용돈계약서에 들어갈 내용이 무엇이 있을까요?

☐ 용돈을 주는 기간, 용돈 액수, 용돈 지급 날짜
☐ 용돈으로 저축하는 금액과 시기
☐ 용돈으로 지출하는 항목과 비중
☐ _____
☐ _____
☐ _____
☐ _____

항목	계약 사항
용돈을 주는 기간	
용돈 액수	
용돈 지급 날짜	
용돈으로 저축하는 금액	
용돈으로 저축하는 시기	
용돈으로 지출하는 항목	
용돈으로 지출하는 항목별 비중	

용 돈 계 약 서

저는 위의 계약서를 잘 지킬 것을 맹세합니다.

이름   (인)

※ 용돈을 주는 기간, 액수, 지급 날짜, 저축, 지출 등이 모두 담길 수 있게 용돈 계약서를 작성
해 봅시다.

4   나만의 버킷리스트를 그려봐요. (Visual Thinking)

내가 이룰 것, 가족과 이루고
싶은 것, 친구와 이루고 싶은
것을 나누어 생각해 보세요.

나만의 버킷 리스트와 함께 이루고 싶은 내용을 그림과 글로 표현해 봅시다.

• "꿈은 머리로 생각하는 게 아니라 가슴으로 느끼고 손으로 적고 발로 실천하는 것이다." – 존 고다드(탐험가)

• 보잘 것 없는 재산보다 작은 소망을 가지는 것이 더 훌륭하다 –세르반테스

• 우리는 목적지에 닿아야 비로소 행복해지는 것이 아니라 여행하는 과정에서 행복을 느낀다 – 앤드류 매튜스

나의 버킷 리스트 성공 전략을 세워 봅시다.

항목 1	내용
버킷 리스트 목표	
총비용은? (산출 근거와 비용 마련 방법)	
누구와 갈까?	
준비해야 할 것은?	
왜 해야하는가?	
무엇을 얻을 수 있을까?	
참고할만한 자료는? (책이나 도움을 줄 수 있는 사람)	
관련 정보를 찾을 수 있는 곳은?	
그 외?	

나의 버킷 리스트 성공 전략을 세워 봅시다.

항목 2	내용
버킷 리스트 목표	
총비용은? (산출 근거와 비용 마련 방법)	
누구와 갈까?	
준비해야 할 것은?	
왜 해야하는가?	
무엇을 얻을 수 있을까?	
참고할만한 자료는? (책이나 도움을 줄 수 있는 사람)	
관련 정보를 찾을 수 있는 곳은?	
그 외?	

나의 버킷 리스트 성공 전략을 세워 봅시다.

항목 3	내용
버킷 리스트 목표	
총비용은? (산출 근거와 비용 마련 방법)	
누구와 갈까?	
준비해야 할 것은?	
왜 해야하는가?	
무엇을 얻을 수 있을까?	
참고할만한 자료는? (책이나 도움을 줄 수 있는 사람)	
관련 정보를 찾을 수 있는 곳은?	
그 외?	

5 나의 목표(갖고 싶은 물건)에 대한 평가해 보도록 합니다.

순서	물건 이름	순서	물건 이름
1		6	
2		7	
3		8	
4		9	
5		10	

질문	구체적으로 적어주세요
물건 이름과 쓰임새	
나에게 꼭 필요한 물건인가?	
가격은 얼마인가? (적당한가? 비싼가?)	
성능은 어떠한가?	
내가 가진 돈의 범위에서 살 수 있는 물건인가	
먼저 사용해 본 사람들의 의견은 어떠한가?	

소비 계획을 평가해본 결과를 가지고 저축 목표를 구체적으로 세워 봅시다.

저축목표 세우기

저축 이유	나는 ( )을 위해서 저축을 한다.
저축 금액	나는 ( )원을 모은다.
저축 기간	( )부터 ( )까지 돈을 모은다.

6 우리집 은행 상품을 만들어 봅시다.

기준에 따라 목적에 맞는 은행 상품을 살펴 봅시다.

가입목적	상품선택 기준	상품
용돈관리	자동화기기 수수료 면제 요건, 체크 카드 사용 등	보통 예금
저축습관	우대금리조건, 만기금리비교, 추가서비스 확인 등	정기적금 자유적금
경제금융교육	국내 해외 투자대상(지역), 주식형, 혼합 형 등 펀드종류, 장단기 수익률, 환헤지 여 부, 비과세 여부 등	적립식 펀드
위험대비, 장기저축	실손의료비, 순수보장성, 비과세 여부, 보험사 건전성 확인, 수수료 등	보험

소비 계획에 따른 저축 목표 정리하기

목표	저축 이유	저축 금액	저축 기간

저축 목표를 생각하며 목적에 맞는 우리집 은행 상품을 만들어 봅시다.

목적	선택 기준	상품 이름	상품 특징(이자 및 가입 기간)

우리집 신용평가

1 신용점수 평가 요소를 보고 자녀와 함께 우리집 생활에서 신용을 평가할 수 있는 요소를 정리해 봅시다.

 1. 상환이력

– 개인이 채무를 기한 내 상환 여부, 과거 채무 연체 경험에 대한 정보입니다. 채무를 기한 내에 상환하지 못하면 연체정보가 발생하게 됩니다.

🏠 우리집 생활 속에서 신용을 평가할 수 있는 요소는?

 2. 부채수준

– 현재 부채수준은 개인이 현재 보유한 대출, 보증 등 상환이 필요한 채무에 대한 정보입니다.

– 개인이 보유하고 있는 현재 부채수준에 따라 채무상환부담 정도가 달라지므로, 개인의 신용위험을 평가하는데 중요한 평가지표가 됩니다.

🏠 우리집 생활 속에서 신용을 평가할 수 있는 요소는?

3. 신용거래기간

- 신용거래기간이란 신용개설, 대출, 보증 등 신용거래활동을 시작한 후 거래기간에
  대한 정보입니다.

🏠 우리집 생활 속에서 신용을 평가할 수 있는 요소는?

 4. 신용형태

- 신용거래 기관 및 상품의 종류에 따라 대출금리 수준에 차이가 있으며 이로 인하여
  대출금액이 동일하다 하더라도 채무상환부담에 차이가 있으므로, 신용거래의 종류
  에 따른 채무상환부담의 차이가 개인신용평가에 반영될 수 있습니다.
- 신용카드를 이용하는 패턴은 개인의 신용카드 사용실적의 건전성을 판별하는 중요
  한 요소이기 때문에 신용평가에 반영될 수 있습니다.

🏠 우리집 생활 속에서 신용을 평가할 수 있는 요소는?

2 신용의 키를 높이기 위한 방법을 생각해봅시다.

 각 항목의 신용요소를 지키기 위해 실천할 수 있는 방법을 적어 봅시다.

1. 약속 지키기

2. 과거 돌아보기

3. 계획 세우기

 ※ 예시
친구들과의 약속 지키기 / 가족과 약속 지키기 / 생활 목표 세우고 실천하기 / 방학 생활 계획표 작성 빌려본 책 약속한 날짜에 반납하기 / 빌린 학용품 반납하기 / 용돈은 범위 내에서 사용하기 / 용돈 계획 세우기 / 적은 금액이라도 연체하지 않기 / 우리집 대출 사용하고 정해진 약속대로 갚기 / 휴대폰 요금도 신용에 영향을 미침 / 휴대폰 요금제 정하기 / 휴대폰 제공 서비스 범위 알아보고 주어진 서비스 용량 범위 내에서 사용하기

신용의 키를 높이기 위한 방법을 생각해 봅시다.

신용요소	평가 기준	점수(10점 만점)
약속하기		
과거 돌아보기		
계획 세우기		

3 우리 가족이 중요하게 생각하는 가치는 무엇인가요?

중요한 가치를 실천하기 위해 꾸준히 할 수 있는 활동은 뭐가 있을까요?

가치	실천 방법

4 실천의 정도에 따라 등급과 조건을 작성해 봅시다.

자격조건				신용 등급	
가치					
실천 방법					
				1	신용우량
				2	
				3	신용관리 상태좋음
				4	
실천 횟수				5	일반적인수준, 신용관리필요
				6	
				7	신용하락위험, 주의필요
				8	
				9	위험등급, 부실가능성큼
				10	

예시 평가표 및 예시 등급

가치	자격조건			신용 등급	
	생각튼튼	마음튼튼	몸튼튼		
실천방법	매일 30분 공부	선행 실천하기	운동하기		
실천횟수	4회~	6회~	12회~	1	신용우량
	3회	5회	11회	2	
	2회	4회	10회	3	신용관리 상태좋음
		3회	9회	4	
	1회	2회	8회	5	일반적인수준, 신용관리필요
			7회	6	
	0회	1회	6회	7	신용하락위험, 주의필요
			5회	8	
		0회	4회	9	위험등급, 부실가능성큼
			~3회	10	

나의 신용 점수 그래프를 그려 봅시다.(꺾은선 그래프)

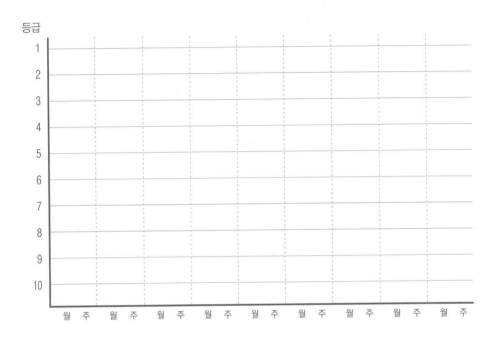

등급

1
2
3
4
5
6
7
8
9
10

월 주 　 월 주 　 월 주 　 월 주 　 월 주 　 월 주 　 월 주 　 월 주 　 월 주

5 신용등급을 살펴보며 신용등급에 따른 혜택을 정해봅니다.

지킴이표 경제교육에서 중요하게 생각하는 요소를 시기나 상황에 맞춰 등급별 혜택을 설정해 봅시다.

1. 대출 한도(부동산 단계 대출 등)

2. 금융 서비스(이자 등)

3. 혜택권

4. 사업(창업) 보조금

6 우리집 신용등급별 얻을 수 있는 혜택과 점수 범위를 정해 봅시다.

신용 등급		등급별 가능범위			
		대출 한도	금융 서비스	혜택권	사업(창업) 보조금
1	신용우량				
2					
3	신용관리 상태좋음				
4					
5	일반적인수준, 신용관리필요				
6					
7	신용하락위험, 주의필요				
8					
9	위험등급, 부실가능성큼				
10					

오르는 물가! 내 돈의 가치는?

DATE.

☆ ☆ ☆ ☆ ☆

1 1970년대로 시간 여행을 떠나봅시다. 그때의 물가를 조사하여
100만원으로 사고 싶은 물건을 골라 아래에 적어 봅시다.

순	물품 이름	과거 가격	개수	금액	남은 돈	현재라면 가격이 얼마나 될까?

2 이번에는 20년 후로 시간 여행을 떠나봅시다. 20년 후 물가를 예상해보고 100만원으로 사고 싶은 물건을 골라 아래에 적어 봅시다.

순	물품 이름	현재 가격	20년 후 가격	개수	금액	남은 돈

3 이 활동을 통해 알게 된 점과 느낀 점을 적어 봅시다.

알게된 점	느낀 점

계속 성장하는 기업

DATE.

☆ ☆ ☆ ☆ ☆

1 지난 10년 동안 꾸준히 성장한 기업 혹은 제품에 대한 자료를 보고 꾸준히 성장하기 위한 조건을 생각해 봅시다.

기업 혹은 제품	오랫동안 성공한 비결

2 앞에서 살펴본 기업들의 성공 비결을 정리해 봅시다.

비결	

3 내 주변의 성공적인 기업과 제품 사례를 생각해 보고 발표해 봅시다.

(※성공비결을 조사해 보고, 찾기 힘든 경우 자신의 생각을 적어도 괜찮습니다.)

성공적인 기업 혹은 제품	성공비결

우리집 펀드 만들기

1 우리집에서 사용하는 물건을 만든 기업을 알아 봅시다.

재화나 서비스	만든 기업	사용 만족도 (가격, 품질을 생각해보기)
		○ ○ ○ ○ ○ ○ ○ ○ ○ ○
		○ ○ ○ ○ ○ ○ ○ ○ ○ ○
		○ ○ ○ ○ ○ ○ ○ ○ ○ ○
		○ ○ ○ ○ ○ ○ ○ ○ ○ ○
		○ ○ ○ ○ ○ ○ ○ ○ ○ ○
		○ ○ ○ ○ ○ ○ ○ ○ ○ ○
		○ ○ ○ ○ ○ ○ ○ ○ ○ ○
		○ ○ ○ ○ ○ ○ ○ ○ ○ ○
		○ ○ ○ ○ ○ ○ ○ ○ ○ ○
		○ ○ ○ ○ ○ ○ ○ ○ ○ ○
		○ ○ ○ ○ ○ ○ ○ ○ ○ ○
		○ ○ ○ ○ ○ ○ ○ ○ ○ ○

2 위의 기업 중에서 우리집 펀드에 담을 기업을 골라 봅시다.

펀드에 담을 기업	선정한 이유

3 우리집 펀드를 만들어 봅시다.

펀드 이름			
전체 투자금액		펀드 설립일	
투자 순위	기업 이름	투자 금액	투자 이유
1			
2			
3			
4			
5			

4 펀드의 성과를 아래 표에 기록해 봅시다.

기업	초기 투자금 (.)	1차 주가 상승률 (.)	1차 투자금 변동 (.)	2차 주가 상승률 (.)	2차 투자금 변동 (.)

5 펀드 투자 결과를 정리해 봅시다.

각 기업별 투자금의 변동과 전체 투자금의 변동을 그래프로 그려 봅시다.

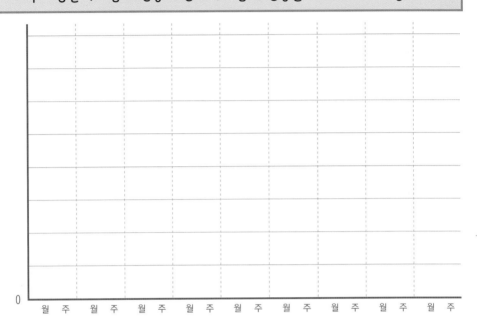

0 　월 주 　월 주 　월 주 　월 주 　월 주 　월 주 　월 주 　월 주 　월 주

펀드 투자 결과를 아래에 적어 봅시다.	
펀드 투자 결과에 대해 반성해 봅시다.	
우리집 펀드 만들기 활동 후 느낀 점을 적어봅시다.	
우리집 펀드 만들기 활동으로 알게 된 점을 적어봅시다.	

주제가 있는 펀드 만들기

1 주제를 정해 펀드를 만들어 봅시다.

큰 주제		
작은 주제	기업	기업에 대한 설명

2 위의 기업 중에서 펀드에 담을 기업을 골라봅시다.

펀드에 담을 기업	선정한 이유

3 주제에 맞게 펀드를 만들어 봅시다.

펀드 이름			
전체 투자금액		펀드 설립일	
투자 순위	기업 이름	투자 금액	투자 이유
1			
2			
3			
4			
5			

4 펀드의 성과를 아래 표에 기록해 봅시다.

기업	초기 투자금 (.)	1차 주가 상승률 (.)	1차 투자금 변동 (.)	2차 주가 상승률 (.)	2차 투자금 변동 (.)

5 펀드 투자 결과를 정리해 봅시다.

각 기업별 투자금의 변동과 전체 투자금의 변동을 그래프로 그려 봅시다.

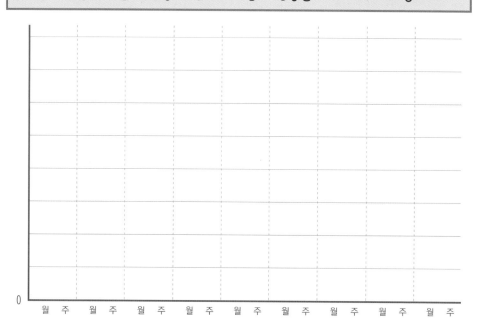

펀드 투자 결과를 아래에 적어봅시다.	
펀드 투자 결과에 대해 반성해 봅시다.	
우리집 펀드 만들기 활동 후 느낀 점을 적어봅시다.	
우리집 펀드 만들기 활동으로 알게 된 점을 적어봅시다.	

기업 정보 정리하기

1 관심있는 기업의 정보를 찾아 아래에 정리해 봅시다.

찾아야 하는 정보	내용
기업 이름	
기업이 만드는 재화나 서비스는 무엇인가요?	
기업실적에 대한 전문가의 코멘트	
기업의 현재가	– 날짜: – 주가:
시가총액	– 날짜: – 시총:
지난 3년 동안 매출액이 어떻게 변했나요?	
지난 3년 동안 영업이익이 어떻게 변했나요?	
지난 3년 동안 당기순이익이 어떻게 변했나요?	
지난 3년 동안 PER이 어떻게 변했나요?	
지난 3년 동안 PBR이 어떻게 변했나요?	
지난 3년 동안 ROE이 어떻게 변했나요?	

※ **용어 해설**
PER: 주가/순이익, 지금처럼 돈을 벌면 몇 년만에 주식투자한 돈을 다 회수할 수 있을지를 나타내는 지표
PBR: 주가/순자산, 현재 주가가 기업의 순자산 혹은 장부가치에 비해 얼마나 비싼지를 알 수 있는 지표
ROE: 순이익/자기자본, 빌린 돈을 제외한 자기자본에 대해 얼마나 돈을 벌었는지를 파악하는 지표

홈페이로 집에서 창업해보기

1 **plan.** 사업 아이디어를 계획하자! – 아이디어 짜보기

기업을 세우기 위해서 어디에서 아이디어를 생각할 수 있을까요?
가족과 이야기하면서 방법에 대해 메모해 봅시다.

사업을 우리 가족을 대상으로 한다면 무엇을 할 수 있을까요?
아이디어를 다양하게 생각해봅시다. 그리고 내 아이디어의 순위를 매겨 봅시다.

사업 내용	사업 방법	필요한 준비물

위의 사업 중에서 실천하고 싶은 사업 하나를 골라보세요. 그 이유도 함께 적어 주세요.	
사업 내용	왜 이 사업을 하고 싶나요?

2 presentation. 사업 아이디어를 계획하자!

〈나는 진짜 기업가! 창업계획서〉	
내가 하고 싶은 사업	
남들과 다른 나만의 아이디어는 무엇이 있나요?	
이 사업의 활동 중에서 내가 잘 할 수 있는 것은 무엇인가요?	
꾸준한 이윤이 발생할까요?	
누구를 대상으로 사업하나요?	

가게를 만들기 위한 내용을 그림과 글로 표현해 봅시다.

판매 전략을 세워 봅시다.

질문	이유를 구체적으로 적어 주세요
무엇을 팔 것인가요?	
얼마에 팔 것인가요?	
비싸지는 않나요?	
양은 적당한가요? (충분히 만들 수 있나요?)	
다른 가족들이 살 것 같나요?	
어떻게 홍보할 예정인가요?	

필요한 역할을 생각해 봅시다.

필요한 역할	어떻게 실천할 예정인가요?
생산하기	
가게에 보기 좋게 진열하기	
홍보하기	
계산하기	

사업에 필요한 재료를 구입하는 비용을 조사해 봅시다.

준비물	어디서 구입하나요?	얼마인가요?

사업계획서를 정리해서 가족에게 발표를 해봅시다.
그리고 가족들이 궁금해하는 내용에 대해서 답변하고,
수정해야 할 것이 있다면 다른 색 펜으로 창업계획서를 보완해 봅시다.

STEP 3 **do.** 직접 실천해보자! – 기업 장부

내가 재료를 위해서 쓴 돈은 얼마인지 적어 봅시다.

재료	필요한 이유	재료를 구매한 곳	가격
총 금액			

기업을 운영하면서 번 돈을 적어 봅시다.

날짜	구매한 사람	제공한 것	가격
총 금액			

내가 번 홈페이에서 지출한 홈페이를 빼보고, 얼마의 이윤이 남았는지 확인합니다.		
내가 번 돈	내가 쓴 돈	이윤

사업을 진행하면서 알게 된 점, 느낀 점 적어보기	
알게 된 점	느낀 점

4 r ethink.. 다음 사업을 한다면 어떻게 할 건지 다시 생각하자!

내가 이번에 실천한 사업을 5줄로 간단하게 정리해보기

사업을 진행하면서 좋았던 점, 아쉬웠던 점 적어보기

좋았던 점	아쉬웠던 점

다음에 기업을 또 세운다면 어떤 점을 어떻게 개선하고 싶은지 다시 생각하기

어떤 점을	어떻게 개선할까?

활동을 통해 알게 된 점, 느낀 점 적어보기

알게 된 점	느낀 점

살고 싶은 미래 나의 집

DATE.

☆ ☆ ☆ ☆ ☆

1 우리 가족이 집에서 하는 일은 무엇이 있는지 최대한 많이 적어 봅시다.

2 가족이 집에서 하는 일을 생각하며 미래에 내가 살고 싶은 집에 꼭 필요한
공간을 적어 봅시다.

방(공간) 이름	방(공간)의 기능

3 위의 방(공간)을 넣어 미래 나의 집을 소개하는 시간을 가져봅니다. 위에서 내려다 보는 것처럼 그려 주세요.

내 집 어디에 지을까?

1 아래 지도를 보고 어떤 입지에 집을 짓고 싶은지 생각해 봅시다.

1) 1번부터 8번 입지 중 살기 좋을 것 같은 곳 4군데를 골라 특징을 적어봅시다.

입지번호	특징
( ) 번	
( ) 번	
( ) 번	
( ) 번	

2) 위의 4군데 입지 중 집을 짓고 싶은 곳의 입지 번호와 이유를 적어봅시다.

입지번호	그곳에 집을 짓고 싶은 이유
( ) 번	

부동산 임대차 계약서

1 부동산 임대차 계약서를 작성해 봅시다.

부동산 임대차 계약서	
임대인(방 주인)	
임차인(빌리는 사람)	
주소	
임대 기간	
임대료	
계약일	
※ 특약사항	

※ 팁: 아이의 방과 관련하여 좋은 습관을 길러주기 위한 팁을 넣을 수 있습니다.

임대인　　　　　　(인)　　임차인　　　　　　　(인)

부동산 매매 계약서

1 부동산 매매 계약서를 작성해 봅시다.

부동산 매매 계약서	
매도인(파는 사람)	
매수인(사는 사람)	
주소	
매매가격	
계약일	
※ 특약사항	

매도인   (인)   매수인   (인)

부동산 등기 장부

1 부동산 등기 장부를 작성해 봅시다.

부동산 주소		
등기목적	등기날짜	권리자 및 기타사항

이유있는 기부 용기내!

내가 기부하는 이유

용돈모으기: 기부박스에 얼마나 있을까?

기부박스를 마련하고, 차곡차곡 용돈을 모아봐요. 꾸준히 기록해 보세요.

월	일	원	나의 기분/다짐:
월	일	원	나의 기분/다짐:
월	일	원	나의 기분/다짐:
월	일	원	나의 기분/다짐:
월	일	원	나의 기분/다짐:
월	일	원	나의 기분/다짐:
월	일	원	나의 기분/다짐:
월	일	원	나의 기분/다짐:
월	일	원	나의 기분/다짐:

원

내 용돈을 다모으면

기부 할 곳정하기

1 어떤 주제인가요?

2 왜 이걸 선택했나요?

3 기부처에 하고싶은 말

내 주변에자랑하기 #용기내 #지킴이표

기부를 성공하셨습니다!
정말 대단합니다~! 축하드려요!
기부한 후 소감 한마디
부탁드립니다!

Part 6. 활동지 6-2
기부 용기 상장
▶ 〈기부용기상〉
도안 다운로드

DATE.
☆ ☆ ☆ ☆ ☆

제   호

기부용기상
따뜻한 나눔상

_____

위 사람은 기부를 실천하고 따뜻함을 나누어

타의 모범이 되었으므로 지킴이 특별상을 드립니다.

년   월   일

경제금융지킴이 대표

장바구니 체크리스트

DATE.

☆ ☆ ☆ ☆ ☆

 미션! 환경 제품 보물 찾기

□ 날짜 _____

□ 구매처 _____

□ 장바구니를 챙겨 주세요

□ 할인 쿠폰 있으면 꼭 챙기기

환경 제품 보물 힌트

 # 미션! 환경 제품 보물 찾기

☐ 날짜 _____

☐ 구매처 _____

☐ 장바구니를 챙겨 주세요

☐ 할인 쿠폰 있으면 꼭 챙기기

☐
☐
☐
☐
☐
☐
☐
☐
☐
☐
☐
☐
☐
☐
☐

환경 제품 보물 힌트

친환경
환경부

Good
Recycled

에너지절약

CO2
탄소발자국 000g
환경부
★ 저 탄 소 ★

1일 1제로웨이스트 지킴 미션지

DATE.

☆ ☆ ☆ ☆ ☆

우리 아이 1일 1제로웨이스트 지킴 미션지! 30개의 도전 미션!
순서에 상관 없이 실천 한 것에는 색칠해보기!

우리 가족이 하루동안 쓴 쓰레기 한 곳에 모아보기	나무 젓가락 안 쓰기	안쓰는 플러그 뽑기	재활용 쓰레기 씻어서 버리기	우리집 친환경 물건 찾아보기	돈 안쓰는 하루 실천하기	안 입는 옷 1벌 의류수거함에 넣기
물통 (텀블러) 쓰기	배달음식 안 먹기	오늘 저녁 깨끗하게 다 먹기	빨대 안 쓰기	분리수거 해보기	1회용 안쓰고 통에 담기	물티슈 안 쓰기 (걸레/행주/손수건 쓰고 빨아보기)
장바구니 들고가기	있는 물건 더 사지 않기	길거리 쓰레기 5개 줍기	휴대폰 하루 사용하지 않기	내 학용품에 이름표 붙이기	택배 상자 테이프 다 떼고 펴서 버리기	소포장된 제품 구매하기
페트병 라벨 떼서 따로 버리기	환경인증 마크 제품 마트에서 찾아보기	가까운 곳 걸어가기	덜 쓴 공책 찾아내기	가족과 함께 냉장고 정리하기	냉장고 파먹기 (냉장고 속 음식 활용하기)	도서관에서 환경책 한권 빌려 읽기

30개를 모두 마치면

#경제지킴이 #환경도지키기 미션인증하기

미션 성공! 환경과 경제 두 마리 토끼를 다 잡은 우리 지킴이! 대단해요!

앞으로도 지킬 것 한 가지를 골라봅시다.

나 _____ 은 앞으로도 환경과 경제를 생각하기 위해서

_____을 꼭 실천하겠습니다!

업사이클링 전문가

업사이클링 전문가	
우리 집에서 찾은 재료들	
	어디에 쓰는 물건이야?
어떻게 업사이클링 할까?	디자인은? (그림으로 그려보자!)
	그림에 설명을 좀 더 붙여줘~
이 물건을 쓰면 좋은 점이 뭘까?	

MEMO